호기심탐험대 1

움직이는 과학 유령의 집

글 서지원

한양대학교 국문학과를 졸업하고, 1989년 『문학과 비평』에 소설로 등단했다. 신문 기자와 편집자로 일하다가 지금은 어린 시절 꿈인 동화 작가가 되어 하루도 빠짐없이 글을 쓰고 있다. 그동안 쓴 책으로는 『어느 날 우리 반에 공룡이 전학 왔다』, 『훈민정음 구출 작전』, 『귀신들의 지리 공부』, 『국제무대에서 꿈을 펼치고 싶어요』, 『원더랜드 전쟁과 법의 심판』, 『신통방통 곱셈구구』, 『우리 한옥에 숨은 과학』, 『수학 마녀의 백점 수학』, 『즐깨감 수학일기』 등 백 권에 가까운 책을 썼다.

그림 아메바피쉬

국민대학교에서 시각 디자인을 공부하고, 지금은 그래픽 아티스트로 활동하고 있다. 웹진 『COMIX』, 『영 점프』, 『계간만화』를 통해 단편 만화들을 발표했으며 일러스트, 만화, 디자인, 전시 등 다양한 분야에서 재미난 작업을 하고 있다. 그동안 그린 책으로는 『ROBOT(로봇)』, 『가면 소년』, 『나나의 논리대왕 도전기』, 『눈깜짝씨의 짜릿한 우주 견문록』, 『과학이 밝히는 범죄의 재구성』 시리즈, 『역사 속으로 송송』 시리즈 등이 있다.

디자인 계순림(indigo73@hanmail.net)

호기심탐험대 1

움직이는 과학유령의 집

서지원 글 | 아메바피쉬 그림
이종호(서울대 전기공학부 교수) 추천

살림어린이

세상의 모든 것에 호기심을 가져라!

'과학 천재'하면 누구를 떠올리세요? 사람들은 흔히 아인슈타인(1879~1955)을 떠올리지요. 아인슈타인은 새로운 우주의 질서를 찾아 인류의 삶을 바꾸었지요. 아인슈타인만큼 위대한 천재를 한 명 더 꼽는다면 아이작 뉴턴(1642~1727)을 들 수 있어요. 보이지 않던 우주의 힘인 만유인력을 발견한 바로 그 과학자지요.

아인슈타인과 뉴턴에게는 두 가지 공통점이 있었어요. 그것은 바로 인내와 호기심이었어요. 두 과학 천재는 궁금한 게 있으면 그냥 넘어가지 않았어요. 어떻게 해서든지 알아내려고 애를 썼지요.

사람들이 아인슈타인에게 천재가 아니냐고 묻자 아인슈타인은 이렇게 말했대요.

"저는 머리가 좋지 않아요. 어린 시절, 툭하면 왜냐고 묻는 이상한 아이였고, 대학에 들어가려고 시험을 봤지만 낙방을 하기도 했어요. 하지만 제가 다른 사람과 다른 점이 있다면, 호기심이 생겼을 때 다른 사람들보다 더 오래 생각한다는 거예요."

아이작 뉴턴도 비슷한 말을 했어요.

"사람들은 제가 발견한 것 중 가장 귀한 것이 만유인력이라고 말해요. 하지만 저는 그렇게 생각하지 않아요. 제가 발견한 가장 귀한 것은 바로 인내입니다."

혹시 이런 생각을 한 적 있나요? '천재는 태어나는 것일까, 만들어지는 것일까?' 하고요.

물론 태어날 때부터 머리가 뛰어난 사람은 분명히 있어요. 하지만 그 능력이 성공을 보장해 주지는 않는답니다.

아인슈타인과 뉴턴이 말했듯이 재능보다 더 중요한 것은 인내지요. 다른 사람보다 더 오래 생각하고, 더 오래 연구할 수 있는 인내가 있다면 재능이 부족한 것은 얼마든지 극복할 수 있어요. 재능은 노력을 하면 계발이 되거든요. 하지만 인내는 누구에게 배워서 되는 것이 아니에요. 여러분의 깊은 마음속에서 우러나오는 힘이지요.

이 책은 미래의 천재 과학자가 되고 싶은 여러분을 위해 쓴 책이에요. 지금까지 여러분이 봐 왔던 책과는 조금 다른 과학 내용들이 담겨 있을 거예요. 하지만 한 번 읽게 되면 과학에 대한 호기심이 반짝이게 될 거예요.

여러분도 뉴턴과 아인슈타인처럼 우리 주변에 대해 '왜'라는 호기심을 갖고 살펴보세요. 분명 과학은 책 속에만 있는 게 아니라, 우리의 일상생활 속 가까이에 있다는 것을 알게 될 거예요. 이 책을 읽는 어린이들이 세상 모든 것에 호기심을 가지고 과학과 친해지길 바랍니다.

여러분의 친구 *서지원*

등장인물

별명은 '맥가이버(미국 텔레비전 드라마 주인공)'. 과학 공부는 잘 못하지만, 무엇이든 만드는 걸 좋아하고, 호기심이 많다. 특별하지 않은 재료로 건전지와 전구를 만드는 등 놀라운 재주로 호기심 탐험대를 위기에서 구해 낸다.

태희

별명은 '똑똑 천사'. 별명답게 똑똑하고, 과학 지식이 풍부하며, 판단력이 빠르다.

현호

인공 지능을 연구하는 세계적인 과학자. 비밀의 집에 숨어 살면서 사람과 똑같은 두뇌를 만들려고 연구한다.

닥터 Q

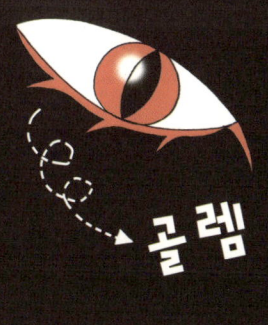 **철규**

어린이 태권도 선수로, 태권도 공인 3단이다. 힘이 세고, 덩치가 중학생만큼 크지만, 알고 보면 겁이 많다. 겉모습과 안 어울리게 툭하면 눈물을 흘린다.

닥터 Q의 집을 돌보는 집사이자 청소 로봇. 바이러스에 감염된 골렘으로부터 호기심 탐험대를 구해 준다.

 **R2-33**

 **골렘**

닥터 Q가 만든 인공 지능 슈퍼컴퓨터. 사람처럼 생각하고, 사람처럼 말을 한다. 바이러스에 감염돼 호기심 탐험대를 위협한 침입자로 여기고 없애려고 한다.

5. 탄소로 건전지를 만들어라! 88

현호는 실험왕 - 깡통으로 건전지 만들기 91
초음파에 숨은 소리의 비밀 100
전지에 숨은 전기의 비밀 102
변기에 숨어 있는 사이펀의 비밀 104

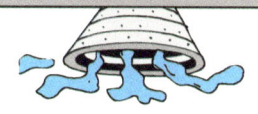

6. 강화 유리를 탈출하라! 106

물질에 숨은 열의 비밀 118
세탁기에 숨은 전동기의 비밀 120
냉장고에 숨은 열의 비밀 122

7. 초음파로 강화 유리를 박살내라! 124

현호는 실험왕 - 구리선으로 무선 스피커 만들기 129
현호는 실험왕 - 깨져도 안전한 유리 만들기 133
녹음기에 숨은 소리의 비밀 134
MP3에 숨은 압축 기술의 비밀 136

8. 골렘의 전원을 끊어라! 138

리모컨에 숨은 적외선의 비밀 156
텔레비전에 숨은 전파의 비밀 158

독수리가 새겨진 열쇠

"이게 뭐지?"

현호는 놀이터 모래사장 속에서 뭔가 반짝이는 것을 봤다. 모래를 헤친 현호가 열쇠 하나를 찾아냈는데, 손바닥만 한 게 제법 묵직했다. 보통 집에서 사용하는 열쇠와는 사뭇 달랐다.

"굉장히 오래된 열쇠 같은데?"

현호의 등 뒤에 있던 철규가 고개를 내밀며 물었다. 덩치가 어른만큼이나 큰 철규가 현호 곁에 오자, 현호 앞에는 커다란 그림자가 생겼다.

현호는 열쇠를 코에 닿을 만큼 가까이 대고 문양에 새겨진 글자를 유심히 살폈다. 열쇠 끝 부분에는 날개를 펼친 거대한 독수리가 발톱으로 건물을 움켜쥔 문양이 새겨져 있었다.

"ㄱㅗㄹ ㄹㅔㅁ……? 골렘?"

현호가 작게 말했다.

현호는 열쇠 문양을 어디선가 본 적이 있는 것 같았지만, 바로 떠오르지 않았다. 현호는 눈을 내리깔고 기억을 더듬었다.

"맞다, 유령의 집!"

현호는 손뼉을 치며 외쳤다.

철규가 눈을 동그랗게 뜨고 현호를 바라봤다. 현호는 정발산을 가리켰다.

정발산 중턱에는 누구도 가기 싫어하는 폐가가 한 채 있었다. 아이들은 그 집을 저주받은 유령의 집이라고 불렀다.

"헉."

철규는 떠올리기도 싫다는 듯 고개를 좌우로 흔들었다. 철규의 팔등에는 소름이 오스스 돋았다.

정발산은 새로 개발된 이 도시 한가운데 자리 잡은 그다지 높지 않은 산이다. 십 년 전부터 그 주위로 고층 아파트가 빼곡히 들어섰다.

신도시 사람들은 운동 삼아 정발산에 오르내리곤 했다. 현호도 가족과 함께 몇 번인가 정발산을 오른 적이 있었다. 그러다가 산 중턱에서 낡은 집을 발견했다. 그 집은 붉은 녹이 슨 철조망으로 둘러쳐져 있었는데, 엄마 말로는 도시 개발 전부터 이곳에 있었다고 했다.

그 집은 외부 전체가 사각형 대리석을 붙인 3층짜리 건물이었다. 건물 전체는 넝쿨에 뒤덮여 있었고, 마당에는 잡초가 무성했다.

대문은 큼지막한 자물쇠로 잠겨 있었으며, 날개를 펼친 커다란 독수리 문양이 마치 집을 수호하듯 대문 한가운데에 붙어 있었다. 어디를 살펴봐도 사람이 사는 흔적을 찾을 수가 없었다.

소문에 의하면, 그 집은 미치광이 엽기 박사의 비밀 실험실이라고 했다. 밤마다 비명 소리가 들리고, 번갯불 같은 강렬한 불빛이 창밖으로 흘러나왔다고 했다. 무엇을 실험했는지는 아무도 알 수 없었다.

그런데 언제부터인가 미치광이 엽기 박사가 보이지 않았다고 했다. 어떤 아이들은 '자기 자신을 실험 재료로 쓴 것은 아닐까?' 하고 의심했고, 또 다른 아이들은 미치광이 엽기 박사의 유령이 자신의 목을 옆구리에 낀 채 그 집에 살고 있다고 믿었다.

천재 소녀 태희

"재수 없어! 얼른 버려!"
철규가 손끝으로 열쇠를 툭 쳤다.
현호는 모래 위에 떨어진 열쇠를 얼른 주웠다.
"버리라니깐! 저주받고 싶어?"
"저주?"
"그래, 그 집은 저주가 내린 집이래. 그 집에서 해골이 발견됐다는 소리 못 들었어?"
철규는 커다란 덩치에 어울리지 않게 어깨를 부르르 떨었다.
현호가 싱긋 웃으며 말했다.
"그건 다 소문이야. 해골이 발견됐다면 경찰이 가만히 있었겠어? 벌써 집 수색하고 범인 잡는다는 뉴스가 텔레비전에 나왔겠지. 그런데 아무 얘기도 없잖아?"

"경찰도 못 잡으니까 그렇겠지. 유령이 경찰에게 잡히겠어?"
"유령 봤어? 봤냐고?"
"봤대!"
"누가 봐?"
"서우도 봤고, 재석이도 봤고, 희선이도 봤대. 본 애들이 한둘이 아니야."

그 얘기라면 현호도 들은 적이 있었다. 얼마 전 몇몇 아이들이 디지털카메라를 들고 유령을 찍겠다고 그 집에 간 적이 있었다. 아이들은 겁도 없이 담장을 넘으려고 했지만, 갑자기 지진이 난 듯 집이 흔들렸다고 했다. 그리고 창문이 깨질 듯한 날카로운 비명 소리가 울리더니 희뿌연 뭔가가 눈앞에 홀연히 나타났다는 것이다. 그 자리에 있던 아이들은 혼비백산을 한 채 산 밑으로 도망쳤다고 했다.

그 후 아이들은 유령을 찍었다는 사진을 보여 줬다. 하지만 제대로 찍힌 사진이 하나도 없었다. 증거라고 내민 사진은 초점이 맞지 않아 마구 흔들린 풍경 사진과 잔뜩 겁을 집어먹고 눈물과 콧물로 범벅이 된 희선이의 엽기적인 얼굴이 찍힌 사진이었다.

그런데 구경하던 아이들 중 하나가 아무것도 찍히지 않았다는 건 정말로 유령이 있는 게 틀림없다면서 혀를 내둘렀다. 그러자 곁에 있던 여자아이들이 입을 틀어막고 소리를 질렀다.

하지만 현호만큼은 믿지 않았다.

"걔네들 다 뻥쟁이야. 너 같은 애들 놀리려고 지어낸 말이야. 아직도 몰라?"

현호가 코웃음을 쳤지만 철규는 여전히 두려운 표정을 지었다.

"너희 집에 안 가고 여기서 뭐 하는 거니?"

등 뒤에서 누군가 말을 걸었다.

같은 반 태희였다. 태희는 머리를 두 갈래로 땋고, 빨간 체크무늬 치마를 입고 있었다.

"그건 무슨 열쇠야? 좀 특이해 보이네."

호기심 많은 태희의 눈동자가 은색 안경테 뒤에서 반짝반짝 빛났다. 철규가 만지지 말라고 말하기도 전에, 태희의 손에는 열쇠가 쥐어져 있었다.

"유령의 집으로 들어가는 열쇠야."

"호오."

현호의 말에 태희가 가벼운 감탄을 터뜨렸다.

"주운 거야? 어쩌려고? 주인에게 돌려주려고? 주인에게 돌려주려면 유령의 집으로 들어가야겠네? 그런데 어쩌나? 주인이 유령인데 이 열쇠가 필요할까? 유령이 왜 여기에 버린 거지? 유령이 열쇠 들고 돌아다닐 리는 없을 테고?"

태희가 쉴 새 없이 말을 쏟아 냈다. 추리를 하는 형사처럼 의심스러운 말투였다.

그제야 현호는 기억이 났다. 태희도 유령을 봤다는 아이들의 말에 의심했던 유일한 여자아이였다. 문득 현호는 태희가 자기랑 뭔가 통하는 게 있는 친구라는 느낌이 들었다.

"내 말이 그 말이야!"

현호가 다시 한 번 싱긋 웃더니 말을 이었다.

"주인이 유령이면 어떻게 열쇠를 잃어버리냐? 그러니까 그 집에는 확실히 사람이 산다는 얘기지. 주인이 열쇠를 애타게 찾고 있을 테니까 돌려주려고."

"뭐라고?"

겁에 질린 철규가 거북이처럼 목을 움츠렸다. 그와 동시에 현호와 태희는 서로 바라보며 뭔가 통했다는 듯이 고개를 끄덕였다.

"가 보자!"

현호가 앞장서서 걷자, 태희도 뒤따랐다.

"너희…… 제정신이야?"

놀란 철규는 그 자리에 우뚝 서서 한참을 망설였다.

"야, 뭐 해?"

현호가 저만치 앞에서 철규를 불렀다.

철규는 덜컥 겁이 났지만, 가장 친한 현호를 혼자 위험한 곳에 가도록 내버려 둘 수 없었다. 철규는 어쩔 수 없이 내키지 않는 걸음을 내딛었다.

저절로 열린 문

세 아이는 아스팔트를 따라 정발산을 올랐다. 아이들은 산 중턱까지 오른 후, 옆으로 난 오솔길로 들어섰다.

길이라고 할 수 없을 만큼 좁은 길이 소나무 숲 사이로 나 있었다. 게다가 엊그제 온 비 때문에 진흙으로 된 땅이 미끄러웠다.

한참을 오르다 보니 초록 넝쿨과 이끼로 뒤덮인 대리석 건물이 눈에 들어왔다. 바로 유령이 산다는 집이었다.

아이들은 철문 앞에 나란히 섰다.

철문 한가운데에는 열쇠에 새겨진 것과 똑같은 독수리 문양과 골렘이란 글자가 보였다. 독수리의 눈동자는 붉은 녹이 슬어 마치 새빨갛게 충혈이 된 것처럼 보였다. 바람이 불자 철문이 철겅철겅 흔들렸다.

"왠지…… 좀 으스스한 거 같아."

철규가 주변을 두리번거리며 말했다.

한낮인데도 주변에 나무가 우거져서인지 집 안의 마당은 검은 그림자로 어둑어둑했다.

현호는 등줄기로 뭔가 스멀스멀 기어 다니는 기분이 들었다. 쉬지 않고 쫑알대던 태희조차 조용했다.

"우린 정중한 손님이니까 인터폰을 눌러 보자고."

현호가 숨을 가볍게 내쉬고는 철문을 살폈다. 그러나 이쪽저쪽 아무리 둘러봐도 인터폰처럼 생긴 건 보이지 않았다.

태희가 용기를 내어 철문을 흔들면서 외쳤다.

"계세요? 아무도 안 계세요?"

참다못한 현호가 주머니에서 열쇠를 꺼내 철문의 자물쇠에 갖다 댔다.

철커덕.

열쇠를 돌리기도 전에 자물쇠는 마치 기다렸다는 듯이 저절로 열렸다. 현호는 깜짝 놀라 뒤로 물러났다. 아이들은 두려운 눈빛으로 서로를 쳐다봤다.

"혹시, 유…… 유령?"

"하하하! 이거 디지털 도어록인가 봐."

현호가 두 팔을 허리에 올리면서 짐짓 태연한 표정으로 말했다.

"디지털 도어록?"

태희가 물었다.

"그래, 이 열쇠가 보기에는 낡았어도 보통 열쇠가 아니었던 거지. 이 열쇠 안에는 아마 반도체 칩이 들어 있을 거야. 너희 집 현관에도 달렸잖아!"

현호의 말에 철규는 황소처럼 큰 눈동자를 씀벅이며 고개를 끄덕였다. 태희는 현호의 설명이 일리가 없는 건 아니라고 생각했다.

"그러니까 네 말은 이게 전자식 자물쇠라는 거지? 비밀번호를 누르거나 전자 열쇠를 갖다 대면 자동으로 열리는 디지털 도어록이라는 거지? 하긴, 요즘 웬만한 집 현관에는 이게 설치돼 있으니까."

"역시 넌 천재야. 유령의 짓 따위는 아니니까 겁먹을 필요 없어. 어서 들어가 보자."

현호는 철문을 열고 마당으로 성큼 들어섰다. 태희와 철규도 현호를 따라 걸어갔다.

"얘들아, 누가 우리를 지켜보는 거 같지 않아……?"

철규의 목소리가 점점 기어 들어갔다.

철규의 느낌은 틀리지 않았다. 아이들의 등 뒤에서 뭔가 스르륵 돌아갔다. 철문 한쪽 구석에 감춰진 시시티브이(CCTV)였다. 그러나 누구도 그것을 눈치채지 못했다.

아이들을 집어삼킨 카펫

똑똑똑.

현호는 나무로 만들어진 현관문을 몇 번 두드렸다. 집 안에서는 아무런 소리도 나지 않았다.

현관의 유리를 통해 안을 들여다보았다. 집 안이 너무 어두운 탓에 아무것도 보이지 않았다. 현호는 할 수 없이 창문을 열려고 했다. 그러자 태희가 말렸다.

"이런 집은 도난 경보기가 달려 있을 거야. 저기 달린 게 벨 아닐까?"

태희가 가리킨 현관 한쪽 귀퉁이에는 벨처럼 생긴 버튼이 있었다. 벨 근처에는 거미줄이 얼기설기 쳐져 있고, 길게 뻗은 넝쿨로 뒤덮여 있었다. 자세히 살펴보지 않으면 발견할 수 없었다.

찌르르릉.

태희가 벨을 누르자 날카로운 소리가 울려 퍼졌다. 한참 동안 벨을 눌렀지만 집 안에서 나오는 사람은 없었다.

"얘들아, 열쇠를…… 바닥에 놔두고 그냥 돌아가자."

철규가 기어 들어가는 목소리로 말했다. 하지만 현호와 태희는 그럴 마음이 조금도 없었다.

철규의 말대로 세 사람은 그때 돌아갔어야 했다. 예상치 못한 위험하고 놀라운 사건이 이미 이들에게 닥쳐오고 있었기 때문이다.

끼이익.

날카로운 소리와 함께 현관문이 저절로 열렸다.

"현호야, 열쇠 갖다 댔어?"

깜짝 놀란 태희가 물었다.

눈을 동그랗게 뜬 현호는 고개를 저으며 대답했다.

"아니, 이 문이 혼자 저절로……."

활짝 열린 문 너머로 보이는 집 안은 짙은 어둠이 가득 차 있었다. 그것은 마치 입을 한껏 벌리고 있는 거대한 짐승 같았다. 현호의 손바닥에는 땀이 질벅질벅 배어 있었다.

그때였다! 꿈틀꿈틀 어둠 속에서 뭔가 기어 나오기 시작했다.

"뭐, 뭐야?"

그것은 카펫이었다. 붉은 카펫이 현관 밖으로 뱀처럼 슬금슬금 기어 나왔다. 아이들 모두 얼굴이 백지장처럼 하얗게 질려 뒷걸음질을 쳤다.

가까이 다가온 카펫은 별안간 세 아이의 다리를 휘어 감았다. 그러고는 집 안으로 끌어당기기 시작했다.

"으아악! 살려 줘!"

철규가 소리쳤다.

아이들은 있는 힘을 다해 버둥거렸다. 현호는 기둥을 잡고 끌려가지 않으려고 안간힘을 썼지만 카펫은 마치 거대한 괴물의 혓바닥처럼 거칠고 힘이 셌다.

"안 돼!"

태희의 외마디 소리와 함께 세 아이는 순식간에 집 안으로 끌려 들어갔다. 아니, 삼켜졌다.

쿵!

소리없이 문이 닫혔다. 주변은 다시 조용해졌다. 아무 일도 벌어지지 않은 것처럼…….

1. 골렘의 집에 들어가라!

유령의 집에서 만난 톡톡 과학 상식
자물쇠에 숨은 실린더의 비밀

 자물쇠에는 어떤 원리가 숨어 있나요?

문이나 금고처럼 열고 닫을 수 있는 곳에 자물쇠를 달면, 열쇠를 가진 사람이 아니면 열 수가 없어요. 그래서 사람들은 까마득한 옛날부터 자물쇠를 만들어 사용했어요.

자물쇠는 지금으로부터 4000여 년 전, 고대 이집트에서 처음 발명해 사용했어요. 이때는 나무로 자물쇠와 열쇠를 만들었어요.

중국에서는 2~3세기부터 자물쇠를 사용했어요. 자물쇠는 로마 시대와 중세 시대를 거치면서 점점 정교하게 만들어졌지요.

그러나 수천 년 전의 자물쇠나 요즘 사용하는 자물쇠는 모양만 다를 뿐 원리는 똑같아요. 열쇠에는 톱니처럼 여러 개의 돌기가 달

려 있는데, 이 돌기가 자물쇠 안에 있는 걸쇠를 들어 올려 열리도록 하는 것이 바로 자물쇠의 원리예요.

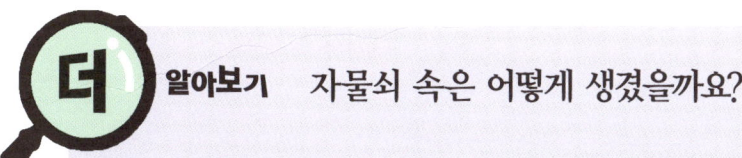
알아보기   자물쇠 속은 어떻게 생겼을까요?

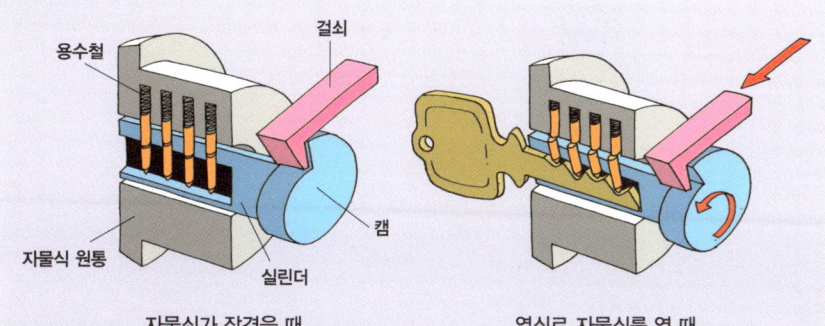

자물쇠가 잠겼을 때   열쇠로 자물쇠를 열 때

자물쇠 안에는 여러 개의 실린더가 있어요. 실린더 위에는 용수철이 달려 있지요. 자물쇠가 잠기는 것은 용수철이 실린더를 밀어 틈새를 막기 때문이에요.

열쇠의 한쪽 면을 보면 톱니처럼 복잡한 돌기들이 있어요. 열쇠의 돌기들은 자물쇠의 실린더들과 딱 맞는 자리에 있어요. 그래서 열쇠를 자물쇠에 꽂아 돌리면 자물쇠 안에 있는 딱 맞는 자리의 실린더가 돌아가는 거지요. 하지만 딱 맞는 열쇠가 아니면, 실린더가 돌아가지 않아요.

자물쇠에 열쇠를 집어 넣으면 자물쇠 안에서는 실린더가 돌아가고, 실린더 끝에 있는 캠이 돌아가요. 캠이 돌아가면서 걸쇠를 잡아당기면 걸쇠가 풀리면서 문이 열리는 거예요. 그러니까 문을 열 때 '열쇠 돌림 → 실린더 → 캠 → 걸쇠 → 문 열림'의 과정이 순간적으로 이뤄지는 거지요.

유령의 집에서 만난 톡톡 과학 상식

디지털 도어록에 숨은 암호의 비밀

자물쇠와 디지털 도어록은 어떻게 다른가요?

요즘은 열쇠를 사용하는 집이 점점 줄어들고 있어요. 대신, 디지털 도어록이란 자물쇠를 사용하지요. 도어록(doorlock)이란 문 자물쇠란 뜻이에요.

디지털 도어록이란 기존의 열쇠 대신 전자 제어 시스템에 의한 비밀번호나 반도체 칩, 스마트카드, 지문 등 디지털화한 정보를 열쇠로 활용하는 첨단 잠금 장치예요. 디지털 도어록은 문을 닫기만 해도 저절로 잠기고, 열쇠를 갖다 대기만 해도 저절로 열려요. 또 열쇠가 없을 때에는 비밀번호를 눌러 열 수도 있어서 매우 편리하지요.

자물쇠와 디지털 도어록의 차이점은 전기를 이용한다는 거예요. 예를 들어, 시계도 두 종류가 있어요. 태엽을 감는 아날로그시계와

건전지를 이용하는 디지털시계가 있지요. 열쇠도 마찬가지예요. 디지털 도어록은 전기를 이용하며, 열쇠 대신 전자 제어 시스템을 사용한다는 것이 일반 자물쇠와 다르지요.

 **알아보기** 디지털 도어록에 숨은 암호는 무엇일까요?

디지털 도어록의 열쇠는 갖다 대기만 해도 문이 저절로 열려요. 그 비밀은 열쇠 안에 반도체 칩이 들어 있기 때문이에요. 이 반도체 칩에는 매우 복잡한 암호가 저장돼 있지요.

열쇠를 대면 열쇠 안에 있는 반도체와 디지털 도어록 안에 있는 반도체가 서로 신호를 주고받으면서 암호가 맞는지 확인해요. 카드로 여는 디지털 도어록이나 리모컨으로 여는 도어록도 모두 같은 원리예요. 요즘 개발된 디지털 도어록은 암호를 자기 스스로 바꾸는 첨단 기능을 갖고 있어요. 열쇠를 한 번 댈 때마다 암호가 자동으로 계속 바뀌는 거예요. 따라서 다른 사람이 열쇠를 복사한다고 해도 절대 열 수 없지요.

강철 셔터에 갇힌 세 아이

"현호야, 태희야, 괜찮아?"

철규가 어둠 속에서 떨리는 목소리로 물었다.

현호는 자기 몸을 둘둘 말고 있는 카펫을 끙끙거리며 벗어던졌다. 방금 전까지만 해도 살아 움직이던 카펫은 이상하게도 꼼짝을 하지 않았다. 현호가 조심스럽게 카펫을 뒤집어 보았지만 먼지만 풀썩였다.

"우리한테 대체 무슨 일이 일어난 거야?"

태희의 카랑카랑한 목소리가 집 안에 울려 퍼졌다. 창문으로는 희미한 빛이 새어 들어왔다. 아이들은 주변을 두리번거렸다.

"일단 밖으로 나가야겠어. 뭔가 수상해."

현관 쪽으로 걸어간 태희가 문 손잡이를 확 잡아 돌렸다. 하지만 굳게 닫힌 문은 열리지 않았다.

"내가 해 볼게."

힘이 센 철규가 두 손으로 문 손잡이를 잡았다. 불끈 힘을 주자 우람한 철규의 팔에 근육이 실룩거렸다.

크르르릉.

현관 위에서 쇳소리가 났다.

"조심해!"

태희가 외치며 철규의 목덜미를 잡아당겼다.

갑자기 현관 위에서 강철 셔터가 저절로 내려오더니 철컹하며 세차게 닫혔다. 동시에 거실에 있던 여러 개의 창문들 위에서도 강철 셔터들이 차례대로 내려오기 시작했다.

크르릉 철컥, 크르릉 철컥, 크르릉 철컥.

순식간에 새카만 어둠이 세 아이를 에워쌌다. 아이들은 강철 감옥에 갇힌 것이나 다름없었다. 공포감에 휩싸인 셋은 머리카락이 곤두서고 다리가 후들거렸다.

아이들은 철문을 마구 두드리며 소리쳤다.

"살려 줘요!"

"누구 없어요! 사람 살려요!"

"으앙, 난 태권도 도장도 못 갔단 말이야!"

철규가 눈물을 흘리면서 세차게 철문을 걷어찼다. 괴력에 가까운 철규의 발차기에 강철 셔터는 심하게 우그러졌다.

첨단 보안 장치 가동

그때였다.

어디선가 위잉 하고 기계가 돌아가는 듯한 소리가 났다. 컴퓨터가

켜질 때 나는 소리와도 비슷했다.

"잠깐만!"

태희가 외쳤다.

"잠깐만 기다려 봐. 이건 아무래도 자동 보안 장치 같아."

"자동 보안 장치?"

철규가 울먹이면서 질문하자 태희가 고개를 끄덕였다.

"그래, 외부에서 누군가 갑자기 침입하면 집 전체에 자동으로 보안 장치가 가동되는 거야. 영화에서 봤어. 이 집도 첨단 보안 장치를 설치해 놨나 봐."

현호가 태희에게 물었다.

"말도 안 돼. 그럴 거면 처음부터 집에 들어오지 못하게 했어야지."

태희는 고개를 가로저으며 대답했다.

"아니지, 도둑을 잡으려면 집 안으로 유인한 다음에 가둬 버려야 할 거 아니야. 우리를 수상한 사람으로 여기고 문을 열어 준 후에, 나가지 못하도록 집 안의 모든 출입구를 봉쇄한 거야. 그러니까 걱정하지 마. 조금 있으면 보안 경비 회사 직원이 나타날 테고, 우리가 수상한 사람이 아니라는 게 밝혀지면 무사히 집으로 돌아갈 수 있을 테니까."

철규가 한숨을 쉬며 눈물을 닦았다. 현호도 안심이 됐는지 가슴을 쓸어내렸다.

"네 말이 맞았으면 정말 좋겠다."

세 아이는 바닥에 주저앉아 보안 경비 회사 직원이 문을 열어 주기만을 기다렸다. 잠시 시간이 멈춘 것만 같았다.

어둠 속에서 현호가 말했다.

"시계 가진 사람 없어?"

철규가 대답했다.

"아! 시계가 이렇게 필요한 물건인지 처음 알았어."

점점 불안해진 현호가 자리에서 벌떡 일어났다. 그러고는 냅다 철문을 걷어차며 짜증난 목소리로 말했다.

"보안 경비 회사라면 3분이면 도착해야 하는 거 아니야? 늦어도

10분 안에 와야 도둑을 잡지!"

"너무 늦는 거 같긴 한데……."

태희가 자신감 없는 목소리로 중얼거렸다.

"우린 여기서 굶어 죽을 거야……. 우리가 여기 온 줄 아무도 모르잖아……."

철규가 무릎 사이에 얼굴을 파묻고 훌쩍거렸다. 현호는 철규가 있는 쪽으로 기어갔다.

현호가 커다란 덩치의 철규를 안고서 형처럼 위로하듯 말했다.

"철규야, 나 믿지? 내 별명이 뭐야?"

"위기 탈출 맥가이버."

"그래, 난 뭐든 만들어 낼 줄 알아. 공부는 꼴찌지만 손재주 하나만은 대한민국 일등이거든! 넌 별명이 뭐지?"

"천하장사 최홍만."

"그렇지, 느글느글 마요네즈만 먹으면 엄청난 괴력이 솟는 천하장사잖아. 그리고 태희는 아이큐 148의 똑똑 천사고!"

철규가 눈물 콧물로 범벅이 된 얼굴로 현호를 바라봤다.

"갑자기 왜 그런 말을 해?"

"우리 셋이 모이면 무서울 게 없어! 그러니까 우리 힘으로 이 집을 탈출할 방법을 찾아보는 거야."

태희도 고개를 끄덕였다.

"알았어, 뭐부터 하면 돼?"
"전등 스위치부터 찾아야지. 앞이 안 보이니까 뭘 할 수가 없어."

레몬으로 만든 전기

현호가 앞장서서 벽을 더듬거렸다. 다행히 현관 바로 옆의 벽에서 전등 스위치를 찾았다. 하지만 몇 번을 켜도 불은 들어오지 않았다. 시간이 흐른 후, 어둠이 조금 익숙해진 세 아이 눈에 어렴풋하게 주변의 사물들이 보이기 시작했다.

혹시 양초 같은 게 나올지도 모른다고 생각한 현호는 계단 밑에 있는 나무 상자를 뒤적였다. 나무 상자에는 드라이버, 못, 전선, 고무줄을 비롯한 온갖 잡동사니가 가득 들어 있었다.

"앗! 이건 전구야!"

철규가 반가운 목소리로 외쳤다.

"전구만 있으면 뭐 해. 전기가 있어야지."

태희가 핀잔을 줬다.

"맥가이버! 넌 전기는 못 만드니?"

"헉! 내가 초능력자냐? 전기를 어떻게 만들어?"

"어, 이게 뭐지? 과일 같은 게 있어!"

철규는 거실 테이블 위에서 동그란 물건을 집었다. 말랑말랑한 게 과일이라고 생각한 철규는 동그란 물건을 집어 한입 깨물었다.

"으악, 시어! 이건 레몬이잖아! 퉤퉤!"

"레몬이라고?"

현호는 상상만 해도 입안에 침이 흥건하게 고였다.

"에이, 입맛만 버렸다. 던져 버려야지."

"잠깐만!"

현호의 머릿속으로 뭔가가 반짝하고 스치고 지나갔다.

"레몬으로 전기를 만들 수 있어!"

"레몬으로 뭘 만들어?"

깜짝 놀란 철규가 물었다.

"레몬으로 전기를 만들 수 있어! 전구에 불을 켤 수 있다고!"

"정말이야?"

현호는 번개같이 나무 상자를 다시 뒤졌다. 이런저런 잡동사니들이 우르르 바닥에 쏟아졌다. 그리고 주머니에서 작은 철 조각들을 꺼냈다. 아까 놀이터에서 누군가 버린 폐품을 살펴보다 챙긴 것이었다.

"이게 필요할 줄 알았다니까."

현호가 어깨를 으쓱하며 말했다. 그리고 레몬 전등을 들자, 주위가 환해졌다.

현호는 실험왕

🍋 레몬으로 전기 만들기

전지, 전선, 전구, 스위치 등의 여러 가지 전기 부품을 연결한 것을 전기 회로라고 합니다. 전기 회로에서 전구에 불이 켜지는 것은 전기 회로에 전류가 흐르기 때문입니다.

레몬에 있는 산과 화학 작용을 일으켜서 전기가 만들어지는 거지!

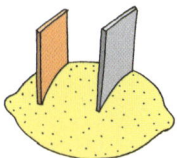

준비물: 레몬 1개, 집게 전선 2개, 전구 1개, 구리판 1개, 아연판 1개

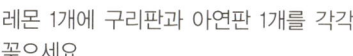

레몬 1개에 구리판과 아연판 1개를 각각 꽂으세요.

구리판과 아연판을 집게 전선에 연결해 주세요.

레몬 대신 오렌지를 이용해도 전구에 불이 켜져요.

집게 전선을 전구에 연결하면 레몬에 의해 구리판과 아연판 사이에는 전류가 발생해요.

건전지도 같은 원리야.

우아! 정말 레몬에서 전기가 나와.

"이야! 장님이 눈을 뜬 것 같아!"
철규가 기뻐하며 소리쳤다.
"이제 이곳에서 빠져나갈 일만 남았어!"
아이들의 가슴에 용기가 솟았다.

살아 움직이는 닥터 Q의 눈동자

레몬으로 만든 전기는 오래가지 못했다. 현호는 레몬을 빼고 거실 테이블 위에 놓였던 사과나 배 같은 다른 과일을 연결했다. 그러자 또다시 전구에 불이 들어왔다.
"전구가 너무 어두워. 과일을 직렬로 연결해 보자."
태희가 말한 대로 과일을 여러 개 직렬로 연결하자 전구의 불빛이 더 밝아졌다. 세 아이는 과일을 건전지처럼 사용할 수 있다는 게 새삼 신기하게 느껴졌다.
거실 한쪽 벽에는 천장에 닿을 만큼 커다란 하얀 조각상이 붙어 있었다. 머리가 하얗게 샌 노인의 조각상이었다. 이마에는 주름이 가득했지만, 눈매만큼은 독수리처럼 날카로웠다. 마치 살아 있는 듯 세 아이를 매섭게 노려봤다.
철규는 왔다 갔다 하면서 조각상을 쳐다봤다. 그러다가 갑자기 비명을 질렀다!

"으악, 유령이야!"

현호와 태희가 놀란 눈으로 철규를 바라봤다.

철규가 노인의 눈동자를 가리켰다.

"저 할아버지 눈동자 좀 봐! 날 계속 따라다녀!"

현호와 태희도 철규처럼 움직이면서 노인을 쳐다봤다. 놀랍게도, 정말 자신들이 움직이는 방향으로 눈동자도 함께 움직였다. 가까이 다가가면 눈을 내리깔고 쳐다봤고, 멀리 떨어지면 고개를 들면서 노려봤다.

"헉! 저 할아버지가 살아 있나 봐!"

현호는 등줄기가 서늘해졌다.

"아, 저건 유령이 아니야. 조각상에 비밀이 숨어 있어."

눈동자가 날 따라다녀.

으악! 유령이야!

태희가 말하자 현호와 철규가 동시에 물었다.

"비밀?"

"응, 저 조각상은 보통 조각상이 아니야. 한번 가서 만져 봐."

현호와 철규는 조각상의 다리를 매만졌다.

"앗! 이건……!"

현호와 철규가 깜짝 놀라며 소리를 질렀다. 태희는 고개를 끄덕였다.

"맞았어! 착시 현상 때문이야."

현호와 철규는 그제야 한숨을 내쉬었다.

조각상 밑에는 다음과 같은 글자가 새겨져 있었다.

> 닥터 Q
>
> (인공 지능 컴퓨터 분야 과학자)

"조각상 속 할아버지가 닥터 Q인가 봐. 맞아! 그러고 보니 생각난다."

태희가 뭔가 떠올랐다는 듯이 손뼉을 쳤다.

"우리 아빠도 컴퓨터 분야 과학자잖아. 우리 아빠가 보던 책에서 저 할아버지 사진을 본 적 있어! 사람과 똑같은 두뇌를 가진 인공 지능을 만들려고 연구하는 박산데, 세계적으로 굉장히 유명하대."

"그렇다면 이 집이 바로 닥터 Q의 연구실이란 말이야? 미치광이 엽기 과학자의 집이라는 소문이 다 사실이었구나!"

현호가 말하자 태희는 차분하게 가라앉은 목소리로 말했다.

 "닥터 Q는 미치광이 엽기 과학자가 아니야. 노벨상 후보에 오를 만큼 천재적인 박사라고."

 "천재 박사? 천재 박사가 우리를 함부로 가둬 놓냐? 연구에 너무 몰두하다가 미친 게 분명해."

 조각상 밑에는 나무 액자들이 놓여 있었다. 닥터 Q가 어떤 남자 아이와 공을 차며 웃는 사진들이었다.

 "닥터 Q의 아들인가 봐. 우리랑 나이가 비슷한 거 같은데……. 되게 행복해 보인다."

 사진을 보던 철규가 말했다.

 "그 애는 죽었어."

 태희가 힘없이 말했다.

 "죽어?"

 "응, 나도 아빠한테 들었는데 사고로 죽었대. 그때부터 마음을 가진 인공 지능 컴퓨터를 만들려고 한 거래. 자기 아들의 마음을 인공 지능 컴퓨터에 그대로 넣겠다는 계획을 세웠다는 거야."

 "그러니까 죽은 아들의 마음을 가진 인공 지능 컴퓨터를 만든다는 거야?"

"그래, 죽은 아들을 다시 부활시키려는 연구인 거지."
"그게 가능해?"
현호가 태희를 신기한 눈빛으로 바라봤다. 철규는 혀를 내둘렀다.
"역시 미쳤어! 소름끼친다!"
태희는 가볍게 한숨을 쉬었다.
"얘들아, 마음을 가진 컴퓨터를 만든다는 건 불가능한 계획이 아니야. 이론적으로는 얼마든지 가능해. 사람의 마음은 심장이나 몸에 있는 게 아니라, 뇌 속에 있는 거잖아. 사람의 마음은 뇌 속에서 분노, 기쁨, 유머, 사랑, 쾌락 등의 감정으로 구성되어 있어. 이런 감정을 프로그램으로 정밀하게 만들어 컴퓨터 속에 저장시키는 거야. 그리고 컴퓨터에 감각 인식 장치로 눈 대신 카메라를, 입 대신 마이크를, 코와 피부 대신 후각과 촉각 장치를 붙이는 거지. 그러면 사람처럼 보고, 말하고, 냄새 맡고, 피부를 가진 것처럼 느낄 수가 있어. 컴퓨터 감각 인식 장치는 과학계에서는 거의 완성 직전에 있어. 장애인들에게 실험적으로 사용되고 있다고."
"호오! 인조인간이 나올 날도 머지않았나 봐!"
현호가 감탄을 터뜨렸다.
"그런데 인공 지능 컴퓨터는 안 죽잖아. 불사신이 되는 거네?"
철규가 태희에게 물었다.
"맞아. 만약 사람의 마음을 컴퓨터 안에 넣을 수만 있다면, 어떤 사람이라도 영원히 죽지 않을 거야. 전기만 있다면 말이야. 그래서 세계 과학계에서는 닥터 Q의 연구에 주목했던 거야. 생각해 봐. 인류가 영원히 죽지 않는 불사신의 몸을 갖게 된다면, 세상이 어떻게 변하겠어? 병들고, 늙고, 고통받고, 굶주리는 사람이 없어질 거야. 신도 못하는 일에 인간이 도전하는 거야. 인간은 과학의 힘으로 신이 될지도 모른다고!"

태희의 목소리가 저절로 커졌다. 그러자 현호는 심각한 어투로 말을 받았다.

"내 생각은 좀 달라. 만약 그 연구가 성공한다면, 이 세상에 사람은 사라지고 컴퓨터만 남을 거야. 차가운 쇠붙이들로 가득한 세상! 그런 세상이 과연 행복할까?"

"휴, 난 싫다. 컴퓨터는 맛있는 걸 먹을 수도 없잖아? 난 그냥 먹고 싶은 거 다 먹다가 죽을 때가 되면 죽을래."

철규가 어깨를 으쓱하자, 태희는 고개를 절레절레 흔들었다.

"넌 어떻게 매사를 먹는 거랑 다 연결시키니? 위대한 연구 앞에서 숙연한 마음은 못 가질망정."

"어쨌든 이 집은 보통 집은 아닌 거 같아. 네 말대로라면 마음을 가진 인공 지능 컴퓨터가 이 집 어딘가에 있을 거야. 그리고 그 마음은 닥터 Q의 죽은 아들일 테고."

"그 말 들으니 무서운걸. 유령보다 컴퓨터가 더 무섭게 느껴지긴 처음이야."

철규가 약간 움츠러든 목소리로 말했다.

그때 철규가 책장 옆에 붙은 작은 버튼을 발견했다.

"이게 뭐지?"

철규의 손이 버튼을 향했다.

"누르지 마! 뭔가 수상해!"

현호가 손을 저으며 외쳤지만, 철규의 손가락은 이미 버튼을 누른 후였다.

위잉, 웡.

또다시 컴퓨터가 켜질 때 나는 듯한 무거운 기계 소리가 났다.

털컹!

갑자기 바닥이 움직였다. 그러더니 바닥이 쿵 하고 내려앉았다. 세 아이는 도망칠 겨를도 없이 바닥 속으로 빨려 들어갔다.

"으아아아악!"

아이들이 비명을 질렀다.

"건드리지 말랬잖아아아아!"

현호의 목소리가 집 안에 쩌렁쩌렁 울렸다.

아이들은 미끄럼틀을 타듯 빠른 속도로 미끄러지며 어딘가로 떨어졌다.

유령의 집에서 만난 톡톡 과학 상식

보안 장치에 숨은 감지기의 비밀

 보안 장치는 어떻게 침입자를 알아내나요?

보안 장치에는 감지기라는 장치가 설치돼 있어요. 감지기에는 여러 종류가 있는데, 대표적인 감지기로 열 감지기, 적외선 감지기, 파열 감지기, 자석 감지기가 있어요.

적외선 감지기는 적외선을 쏘아요. 적외선은 사람의 눈에는 보이지 않지만 침입자가 들어와 돌아다니면 그 움직임을 감지해요.

열 감지기는 온도를 감지하는 장치예요. 살아 있는 모든 동물은 열을 발산하지요. 열 감지기는 일정 온도 이상으로 내부 온도가 올라가는 걸 감지해요.

파열 감지기는 유리창이나 문에 붙이는 장치예요. 누군가 유리창을 깨거나 문을 부수면 그 충격을 감지하고 작동해요.

CCTV는 감지하는 장치가 아니라, 카메라를 통해 보거나 녹화를 하는 장치예요.

 **알아보기** 도난 경보기는 어떻게 생겼을까요?

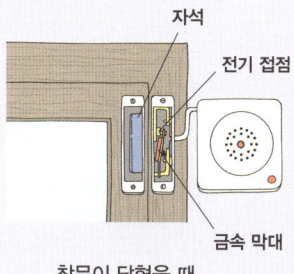
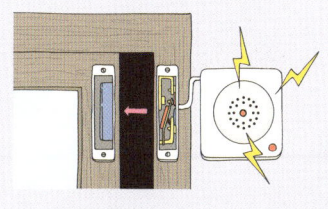

창문이 닫혔을 때   창문이 열렸을 때

도난 경보기는 자석 감지기로 설치된 경우가 많아요. 자석 감지기는 자석의 원리를 이용한 거예요. 문이나 창문 양쪽에 자석을 붙여요. 그리고 자석과 전기 스위치를 연결해 놓아요. 문이나 창문이 닫혔을 때에는 양쪽 자석 두 개가 끌어당기기 때문에 전기 스위치가 붙어 있어요.

그런데 누군가 몰래 문이나 창문을 열면 자석이 떨어지게 되지요. 그러면 전기 스위치가 더는 끌어당기지 못해 떨어지고, 동시에 전기 회로가 끊어지면서 경보기가 작동하는 거예요.

어떤 경보기는 소리를 심하게 울려 침입자가 놀라 도망가도록 하고, 어떤 경보기는 보안 회사나 경찰서와 연결돼 있어서 자동으로 신호를 보내기도 해요. 그 신호를 받고, 보안 회사의 보안 요원이나 경찰이 출동하는 것이지요.

유령의 집에서 만난 톡톡 과학 상식

움직이는 조각상의 비밀

 조각상은 왜 움직이는 것처럼 보일까요?

석고 같은 걸로 만드는 조각상을 보면 항상 고정된 방향만 바라보고 있어요. 그런데 어떤 조각상은 신기하게도 나만 바라보는 조각상이 있지요. 자신이 어떤 방향으로 움직여도 조각상의 시선이 함께 따라 움직이면서 바뀌지요.

조각상에 가까이 다가가면 조각상은 고개를 숙여 내려 보고, 오른쪽에서 왼쪽으로 움직이면 조각상의 고개도 오른쪽에서 왼쪽으로 움직여요.

이 조각상의 비밀은 만져 보면 알 수 있어요. 조각상은 튀어나온 것처럼 보이지만 실제로 만져 보면 들어가 있지요. 튀어나온 것을 양각, 들어간 것을 음각이라고 한답니다.

빛이 조각상에 비치면서 명암이 그림자를 만들어 내고, 그림자는 조각상이 마치 튀어나온 것처럼 착시 현상을 일으키지요. 그래서 사람의 보는 각도에 따라 명암의 각도로 달라지면서 조각상의 시선도 함께 따라서 움직인다고 착각하는 거예요.

 **알아보기** 눈이 착각을 하는 이유는 뭘까요?

1. 톱니바퀴처럼 서로 맞물려 돌아가는 것 같아요.

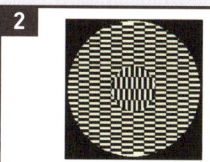
2. 중앙의 원이 오락가락 움직이는 것처럼 보여요.

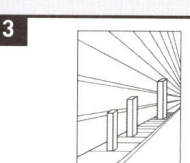
3. 세 개의 기둥의 길이가 달라 보여요.

자기 눈으로 직접 본 것만 믿는다는 사람이 있어요. 그런데 자기 눈은 정말 믿을 수 있는 것일까요? 보이는 것이 모두 진짜는 아니에요. 눈도 착각을 일으켜요. 그림 1, 2, 3처럼 말이지요. 이것을 착시 현상이라고 하지요.

우리 뇌는 우리가 눈으로 본 영상을 받아들일 때 가끔 오류가 생겨요. 그래서 사물을 볼 때 착각을 일으키는 것이지요. 착시 현상은 눈에 들어온 사물의 모양이 뇌로 전달되면서 뇌가 알고 있던 학습 상태와 다른 경우에 생기곤 해요.

착시 현상이 반드시 나쁜 것만은 아니에요. 착시 현상이 없으면 우리는 영화를 보지 못할 거예요. 영화는 한 장 한 장이 연속적으로 이어지면서 마치 움직이는 것처럼 보이지요. 이것은 뇌에 잔상이 남아 있기 때문이에요.

이상한 비밀 실험실

"으아악!"

현호는 비명을 지르며 바닥으로 떨어졌다. 태희가 뒤따라 떨어지며 데구루루 굴렀고, 철규는 태희 바로 위로 엎어졌다.

"어이쿠!"

"야! 화장실 안 치워?"

태희가 앙칼진 목소리로 말하며 철규의 허벅지를 꼬집었다. 철규의 큰 엉덩이가 태희의 한쪽 얼굴을 짓누르고 있었기 때문이다.

"아…… 미안, 미안해."

철규가 비틀거리며 일어났다.

"우리가 함정에 빠졌나 봐!"

현호가 주변을 두리번거리며 말했다.

희미한 비상등이 켜져 있어서 주변이 어렴풋하게나마 보였다.

"함정이 아니야. 비밀 통로를 통해 지하실로 떨어진 것 같아."

태희는 방금 떨어진 통로를 쳐다봤다. 미끄럼틀처럼 생긴 비밀 통로는 경사가 워낙 가팔라 다시 기어 올라간다는 게 불가능해 보였다.

"으악! 유령이야! 누가 내 팔을 잡아당기고 있어!"

철규가 비명을 지르며 펄쩍 뛰었다.

"내, 내 손이야."

현호가 미안한 듯이 소곤거렸다. 철규는 안도의 한숨을 내쉬었다.
"휴, 너였구나. 난 또…….."
태희가 단호한 목소리로 말했다.
"쉿, 조용히 해. 이 집에 들어온 이후로 내내 이상한 일만 벌어지고 있어. 현관이 저절로 열리지 않나, 카펫이 우리를 잡아당기질 않나, 철문으로 우리를 집 안에 가두더니, 바닥이 꺼지면서 지하실로 빠지고……. 앞으로 정신을 바짝 차려야겠어. 무슨 일을 당할지 모르잖아."
"그런데 여긴 대체 어디지?"
현호는 아주 조심스럽게 한 발씩 앞으로 나아갔다. 여러 가지 복잡한 도구들과 전선들이 어지럽게 놓여 있는 걸로 봐서 무슨 실험실처럼 보였다.

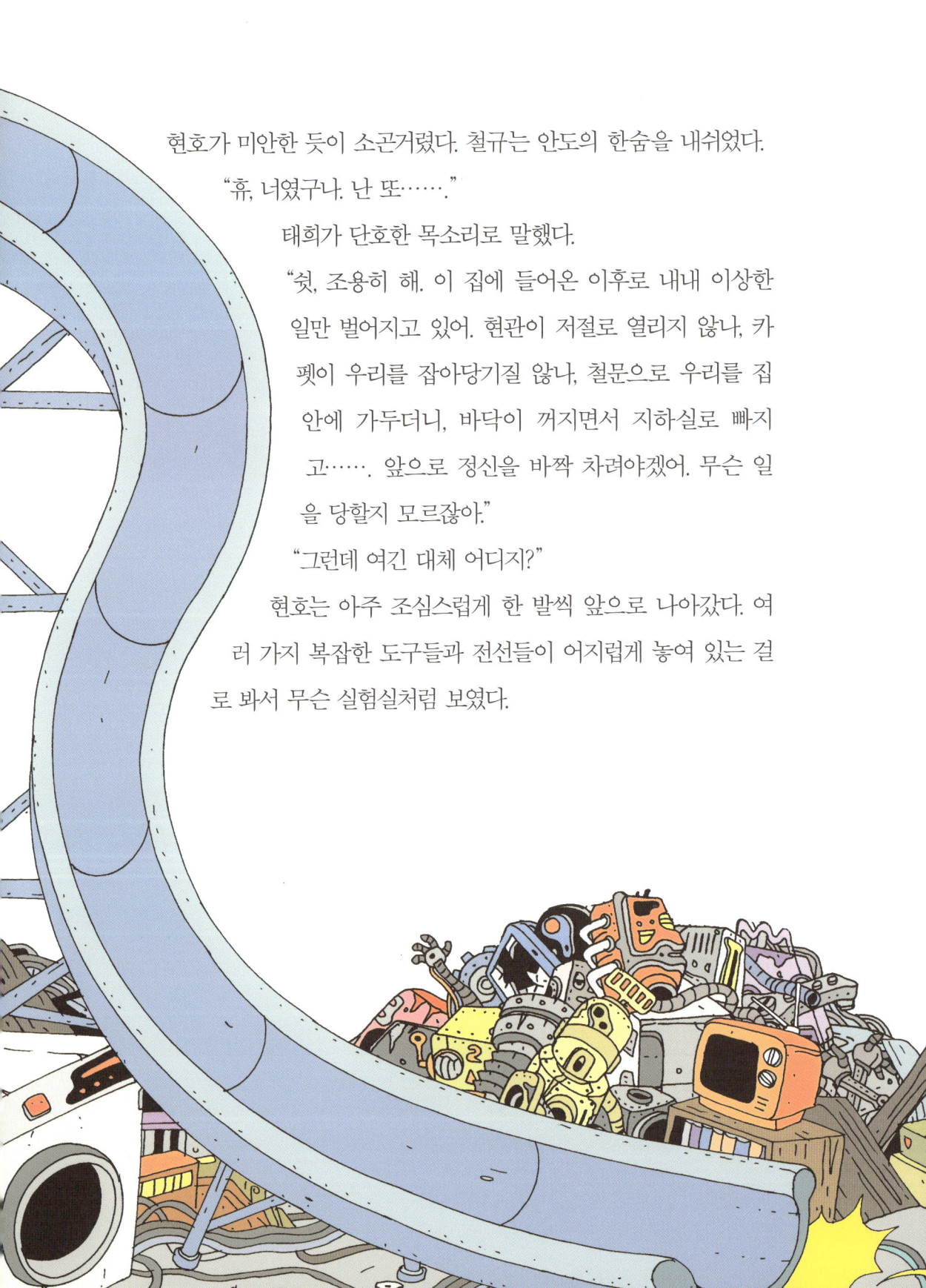

살인 기계 골렘

그때였다. 한쪽 벽 구석에서 괴상한 소리가 울려 퍼졌다.

"크으흐."

낮게 울려 퍼지는 그 소리는 울음소리도 아니고, 웃음소리도 아니었다.

"크으흐, 크으흐."

아이들은 온몸이 얼어붙는 것만 같았다. 셋 모두 한 발자국도 움직이지 못했다. 현호가 용기를 내어 외쳤다.

"누, 누구냐?"

"크으흐, 크으흐. 너희야말로 누구냐?"

사람의 목소리 같지 않았다. 기계로 만들어 낸 소리처럼 자연스럽지 않고 거칠었다.

"우, 우리는 열쇠를 돌려주려고 왔어요! 당신이 닥터 Q인가요?"
태희가 큰 소리로 외쳤다.
"내 이름은 골렘……. 닥터 Q는 나의 아버지시다."
그 소리는 메아리처럼 길게 어둠을 갈랐다.
"골렘? 그렇다면 당신은 닥터 Q의 아들인가요?"
"닥터 Q는 나를 창조하신 나의 신. 난 닥터 Q가 창조한 인공 지능 슈퍼컴퓨터."
"역시 사람이 아니라 슈퍼컴퓨터였어. 그런데 말투가 이상한데? 닥터 Q 아들의 마음을 가진 컴퓨터가 아닌가 봐."
현호가 태희의 귀에 대고 속삭였다. 태희가 고개를 끄덕이며 들릴 듯 말 듯 말했다.
"아직 마음이 완벽하게 완성된 것은 아닌가 봐. 아마 우리를 집 안에 끌어들여 이곳에 가둔 것도 저 컴퓨터 짓일 거야. 이 집 전체도 골렘이라는 저 컴퓨터가 조종하고 있는 거고."
"헉! 그게 가능한 일이야?"
철규는 입을 벌리며 놀란 표정을 지었다.
태희가 말했다.
"미래의 집은 인공 지능 컴퓨터가 관리하게 된다고 아빠한테 들었어. 사람이 손가락 하나 까딱하지 않아도 인공 지능 컴퓨터가 집 안의 모든 일을 자동으로 알아서 해 준대."

"어쨌든 저 골렘인지 골탕인지에게 우리가 나쁜 사람이 아니라는 걸 알려야 하잖아!"

태희는 어둠을 향해 외쳤다.

"골렘! 우리를 이곳에서 나가게 해 줘요! 닥터 Q를 불러 줘요!"

태희는 바닥에 발을 끌며 소리가 나는 어둠 쪽을 향해 조금씩 다가갔다.

"나는 골렘. 이 집을 보호할 임무가 있다. 닥터 Q의 허락 없이 이 집에 침입한 자들을 가만 놔둘 수 없다."

태희는 목을 가다듬고 부탁을 하듯 부드러운 목소리로 골렘에게 말했다.

"골렘, 제발 닥터 Q를 불러 줘. 이건 사람이 컴퓨터에게 하는 명령이야."

"닥터 Q는 지금 집에 계시지 않는다. 그리고 나는 닥터 Q의 명령에만 복종한다. 너희는 매우 위험한 자들이다. 허락 없이 침입해 집 안을 뒤지고, 과일을 먹고, 조각상을 만지고, 함부로 비밀 실험실에 들어왔다."

태희는 어둠 속에서 골렘의 목소리가 나는 쪽을 쳐다봤다. 동물의 눈동자처럼 붉은 빛이 반짝이고 있었다. 그것은 CCTV였다. 태희가 움직이는 방향에 따라 CCTV도 함께 움직였다. 골렘의 목소리는 그 밑에 달린 작은 스피커를 통해 들렸다.

"너희는 뭔가를 훔쳐 가려는 도둑이 분명하다. 용서할 수 없다! 살려 두지 않겠다!"

골렘의 목소리는 음산한 기운을 뿜었다.

"어쩌지? 저 컴퓨터가 미쳤나 봐! 우리를 죽이겠다는 거야?"

철규가 겁에 질린 목소리로 말했다.

무시무시한 마이크로파

태희는 오히려 당당하게 골렘에게 대들었다.

"흥! 마음대로 해 보시지. 겁먹을 줄 알고? 닥터 Q는 훌륭한 과학자야. 사람의 행복을 위해 연구하는 닥터 Q 같은 분이 너한테 살인 도구를 만들어 줬을 리가 없어!"

"크으흐, 크으흐."

골렘은 또 한 번 기분 나쁜 소리를 냈다.

"똑똑한 척하지 마라. 난 너희보다 백 배는 뛰어난 지능을 가진 슈퍼컴퓨터다. 닥터 Q는 내게 살인 도구를 만들어 주지 않았지만, 음식을 조리하는 마이크로파는 만들어 주셨지."

"마이크로파?"

태희가 되물었다. 그리고 곰곰이 생각한 태희는 전자레인지에서 사용하는 강력한 전자파가 바로 마이크로파라는 게 떠올랐다.

"마이크로파가 뭐야?"

철규가 물어보는 순간, 벽 한쪽에 놓였던 작은 철문이 저절로 열렸다. 그러고는 번쩍하는 빛이 쏟아졌다. 갑자기 아이들 옆에 있던 꽃병 속의 물이 부글부글 끓어오르고, 화분에 심어진 나무에 불이 붙어 활활 타올랐다.

"으악!"

놀란 아이들이 엉겁결에 뒤로 물러나다가 서로 부딪쳐 넘어졌다.

"나 골렘이 가진 마이크로파는 보통 전자레인지보다 이백 배는 더 강하다. 너희 정도는 십 초 정도면 녹여 버릴 수 있다."

CCTV가 괴물의 머리처럼 아이들을 향해 돌아갔다.

"어서 피해!"

현호가 소리치자 아이들은 바닥에 납작 엎드렸다. 번쩍하는 빛과 함께 아이들 뒤쪽에 있는 화학 약품 통이 펑 하고 터졌다. 아이들은 재빨리 책상 밑으로 기어 들어갔다.

"저건 컴퓨터가 아니야! 살인 기계야!"

"미치광이 박사가 미친 기계를 만들었어!"

철규는 아직도 자신이 처한 위기 상황이 믿기지 않은 듯 얼떨떨한 표정을 지었다.

그때 태희의 눈에 번뜩 들어온 물건이 있었다.

"어쩌면…… 저걸 이용하면 마이크로파에서 벗어날 수 있을지도 몰라."

태희는 실험실 한쪽 벽에 걸린 커다란 거울을 가리켰다. 적어도 이십 미터는 떨어져 있었다.

"저걸 어떻게 가져오지? 저걸 가지러 갔다간 마이크로파에 맞아 죽을 수도 있어!"

철규가 말했다. 현호가 입술을 깨물었다.

"얘들아, 좋은 수가 있어. 우리 셋이 동시에 서로 다른 방향으로 뛰면 골렘이 헷갈릴 거야. 직선으로 뛰지 말고 지그재그로 뛰는 거야. 그러면 골렘이 마이크로파로 겨냥하는 게 어려울 테니까 적어도 십 초는 걸릴 테고, 그 사이에 내가 저 거울을 떼어 오겠어!"

"넘어지기라도 하면 어떡해?"

태희가 떨리는 목소리로 물었다.

"걱정 마. 이래 봬도 백 미터 달리기 선수잖아. 왕복 사십 미터니까 십 초면 가능해. 자, 간다. 하나, 둘, 셋!"

세 아이는 서로 다른 방향으로 뛰기 시작했다. 죽을힘을 다해 벽을 따라가다가 지그재그로 책상을 타 넘고 달렸다.

CCTV가 이쪽저쪽 오락가락하며 어느 쪽에 마이크로파를 쏴야 할지 몰라 흔들렸다.

그 사이 벽에 도착한 현호가 거울을 떼어 냈다. 가슴에 거울을 안

은 현호는 태희를 향해 뛰었다.

그러나 거울 무게 때문에 현호의 발을 그다지 빠르지 않았다. 혹시나 깨질까 봐 조심스럽게 뛰어야 했기 때문이다.

CCTV가 현호를 향해 멈췄다.

"안 돼!"

태희가 비명을 질렀다.

유령의 집에서 만난 톡톡 과학 상식

미래의 집에 숨은 첨단 기술의 비밀

 미래의 집은 어떤 모습인가요?

철수는 아빠와 자동차에 앉자마자 "집!"이라고 딱 한마디 말을 해요. 그러면 아빠를 알아본 자동차가 자동으로 시동을 걸고, 집까지 가는 가장 빠른 길을 찾아 줘요. 또 철수가 집에 도착할 시간도 알려 줘요.

철수가 집에 도착할 시간에 맞춰 목욕탕 욕조에는 목욕하기 알맞은 온도의 물이 자동으로 채워지고, 전기밥솥의 밥도 자동으로 익고, 집 안이 따뜻해지도록 보일러도 켜져요.

철수는 집에 들어갈 때 엄지손가락을 한 번만 갖다 대요. 현관에 철수의 지문을 알아보는 지문 인식 도어록이 설치돼 있기 때문이에요. 집 안에 들어가 냉장고 문을 열자, 냉장고가 말을 해요.

"딩동, 우유가 떨어졌습니다. 신선한 우유를 주문해 놓겠습니다."

냉장고는 떨어진 식품을 자동으로 알아내고, 인터넷 쇼핑몰에 대신 주문을 해요.

 **알아보기** 　　홈네트워크란 무엇인가요?

 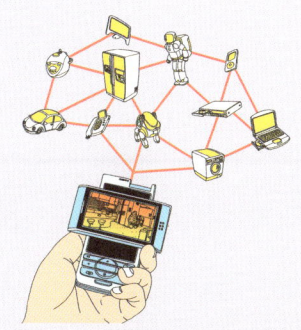

　철수의 엄마는 저녁 메뉴로 뭘 만들지 고민을 하지 않아요. 대신에 주방에 설치된 컴퓨터를 켜지요. 컴퓨터는 가족의 입맛과 영양을 계산해 추천 요리를 골라 주고, 요리 방법을 알려 줘요. 요리가 완성되면 잘 어울릴 그릇이 있는 장소까지 알려 줘요.

　해외여행을 가더라도 집 안에 도둑이 들 걱정은 전혀 없어요. 지구 반대편에서도 집 안에 무슨 일이 있는지 확인할 수 있는 무인 경비 시스템이 설치돼 있기 때문이지요.

　또, 집 안의 전등과 가전제품이 모두 인터넷 네트워크로 연결되어 있어서, 집 밖에서 휴대폰으로 작동할 수도 있어요. 이것을 '홈네트워크' 또는 '홈오토메이션' 기술이라고 불러요. 과학자들은 10여 년 후면 집이 자동으로 사람에게 필요한 편안한 환경을 제공해 주는 홈네트워크 기술을 사용할 수 있다고 해요.

유령의 집에서 만난 톡톡 과학 상식
전자레인지에 숨은 전자파의 비밀

 전자레인지가 옥수수 때문에 발명됐다고요?

　전자레인지는 제2차 세계 대전이 막 끝났을 때, 영국 전자 회사의 직원이었던 퍼시 스펜서가 발명했어요. 퍼시는 전자관 옆에서 열심히 일을 하다가 배가 고파 초콜릿을 먹으려고 주머니에 손을 넣었어요. 그런데 초콜릿이 완전히 녹아 있었어요. 날이 무더웠던 것도 아니고, 체온 때문에 초콜릿이 이렇게 심하게 녹을 리도 없었어요.

　다음 날, 퍼시는 옥수수를 먹으려고 싸 왔어요. 그런데 옥수수가 팝콘처럼 튀겨지는 거예요. 주변에 불이라곤 없었는데, 정말 신기한 일이었지요. 그 후 퍼시는 전자관에서 발생하는 마이크로파가 음식을 익힌다는 것을 발견했어요.

그때부터 퍼시는 마이크로파를 발생시키는 전자 기기를 연구하기 시작했어요. 1945년 퍼시가 만든 전자레인지가 판매되기 시작하자마자, 날개 돋친 듯이 팔려 나갔어요. 퍼시는 큰 부자가 되고, 위대한 발명가라는 명예도 얻게 되었지요.

 **알아보기** 전자레인지의 내부는 어떻게 생겼을까요?

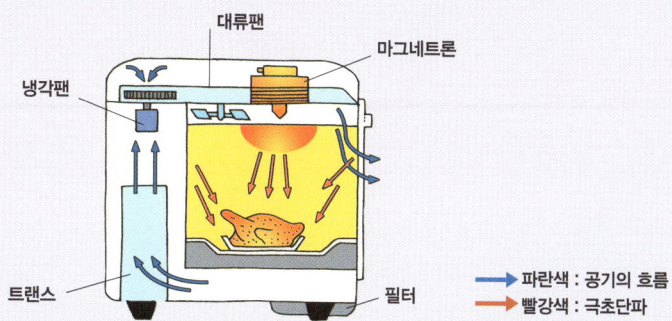

전자레인지는 불꽃도 없고, 뜨거운 열이 나오는 것도 아닌데 음식이 척척 익어요. 전자레인지에서 나오는 마이크로파 때문이지요. 마이크로파는 공기와 유리, 종이 같은 것은 잘 통과하지만, 금속이나 거울 같은 것에서는 반사돼요. 그래서 전자레인지 안에 철로 된 그릇을 넣으면 전자레인지가 터질 수도 있어요.

전자레인지 안에는 마그네트론이란 장치가 있어요. 이 장치에서 마이크로파를 발생시켜요. 마이크로파는 파장이 아주 짧고, 주파수는 높은 전자파예요(파장 12㎝, 주파수 2450㎒). 마이크로파는 우리 눈에는 보이지 않지만, 신기하게도 물(수분)에만 충격을 줘요. 수분이 전혀 없는 플라스틱이나 유리그릇은 아무런 영향을 받지 않아요. 전자레인지에서 꺼낼 때 그릇이 조금 따뜻해진 것은 마이크로파 때문이 아니라, 마이크로파에 의해 데워진 음식물의 온도 때문이에요.

숯으로 만든 전구

"조심해!"

태희의 목소리에 깜짝 놀란 현호는 재빨리 거울 뒤로 몸을 숨겼다.

철문에서 번쩍하는 빛과 함께 마이크로파가 현호를 향해 펑 하고 터졌다. 태희는 차마 눈 뜨고 볼 수 없어 눈을 질끈 감았다.

또다시 펑 하는 소리가 났다.

태희는 현호의 비명 소리가 들릴 것 같아 심장이 쿵쿵 뛰었다. 그런데 아무 소리도 들리지 않았다.

태희는 서서히 눈을 떴다. 선반 위에 있던 물통이 터졌을 뿐, 현호에게는 아무 일도 일어나지 않았다.

현호는 거울을 안고 태희에게 다가왔다.

"휴, 다행이야. 골렘의 마이크로파가 빗나갔어."

"현호야, 빗나간 게 아니라 반사된 거야. 거울이 네 목숨을 살렸어!"

"정말이야? 어떻게?"

"마이크로파는 빛처럼 거울을 통과하지 못하고 반사되거든. 거울에 반사되서 물통으로 날아간 거야."

"아! 그랬구나! 마이크로파도 약점이 있었구나!"

철규가 바닥에 바짝 붙어 땀을 흘리며 기어왔다. 태희는 현호와 철규에게 말했다.

"이제부터 이 거울이 방패야. 거울 뒤에 숨어서 이곳을 탈출하자. 저쪽이 나가는 출입문 같아. 그런데 너무 어두운걸. 철규야, 레몬 전등 좀 켜 봐."

철규는 머뭇거리며 뒤통수를 긁적였다.

"아까 떨어지면서 모두 잃어버렸어."

"다 잃어버려? 왜?"

"내가…… 너무 놀라서 그만…… 놓쳐 버렸어."

"어휴, 넌 힘만 세지 뭘 하나 제대로 하는 게 없니! 불도 없이 이 어두운 곳에서 어떻게 빠져나갈 거야?"

"미안해, 정말······."

태희가 잔뜩 화가 난 목소리로 소리를 지르자, 철규의 목소리는 개미처럼 점점 작아졌다. 보다 못한 현호가 두 사람 사이에 끼어들었다.

"싸우지 마. 여기서 싸우면 우리만 손해야. 찾아보면 방법이 있을 거야. 불을 밝힐 만한 걸 찾아보자."

아이들은 바로 옆에 있는 책상 서랍을 뒤적였다. 책상 밑을 두리번거리던 철규가 말했다.

"여기 숯이 있어!"

"야! 내가 전등 찾으랬지 숯을 왜 찾아? 이 판국에 고기 구워 먹을래?"

태희가 짜증을 부렸.

현호의 귀가 번뜩 뜨였다.

"철규야, 숯이라고 했어?"

"응."

"숯이라면 전구를 만들 수 있어!"

"숯으로 전구를 만든다고?"

태희와 철규가 동시에 물었다. 현호는 천연덕스럽게 대꾸했다.

"당연하지! 에디슨도 전구를 만들었는데, 위기 탈출 맥가이버가 그것도 못 만들까 봐?"

현호는 실험왕

에디슨이 발명한 전구도 재료만 다를 뿐 똑같은 원리야!

숯으로 전구 만들기

숯 전구는 알루미늄 포일이 (−)극, 숯이 (+)극으로 작용하는 일종의 화학 전지입니다.

준비물: 칼, 숯, 알루미늄 포일, 전지 1개, 집게 전선 2개

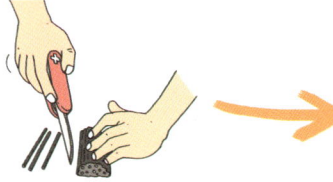

숯을 이쑤시개 정도 굵기로 가늘게 자르세요.

자른 숯은 알루미늄 포일에 올려 놓고 공기가 통하지 않게 여러 겹 싸 주세요.

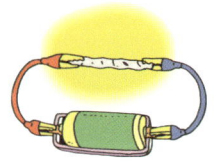

숯에서 불이 켜지는 것을 볼 수 있어요.

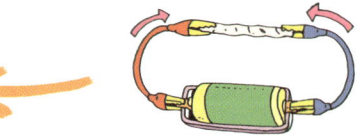

알루미늄 포일과 전지를 집게 전선으로 연결해 주세요.

우아! 정말로 숯으로 전구를 만들 수 있다니!

디지털 도어록의 약점

 현호가 만든 숯 전등을 들고 태희는 실험실 이쪽저쪽을 살폈다.
 그때였다. 골렘이 CCTV로 숯 전등을 발견했는지 마이크로파를 쏘아 댔다. 퍽 소리와 함께 태희 뒤쪽에 있던 화분이 산산조각이 나고, 철로 된 책상에서는 불꽃이 튀었다.
 아이들은 벽 뒤쪽에 숨어 몸을 바짝 움츠렸다.
 "한 방 맞으면 끝장나겠어."
 "계속 이대로 있으면 너무 위험해. 거울 뒤에 숨어 출입구 쪽으로 기어가자."
 하지만 거울은 세 사람을 모두 보호할 정도로 크지 않았다. 태희의 말대로 두 번은 오가야만 했다.
 먼저 현호와 태희가 거울 뒤에 숨어 앉은걸음으로 조금씩 움직여 출입구 쪽에 도착했다.
 태희가 안전하게 숨은 것을 확인한 현호는 다시 철규 쪽으로 와 철규와 함께 같은 방법으로 출입구로 갔다.
 "이런! 문이 잠겨 있어! 골렘이 잠가 놨나 봐."
 철문을 만지며 태희는 안타까운 듯 디지털 도어록을 흔들었다. 현호가 물었다.
 "태희야, 마이크로파도 약점이 있잖아. 디지털 도어록에는 약점 같은 거 없어?"

"있긴 있어. 전류를 순간적으로 흐르게 하거나 높은 열을 쬐면 열리는 수가 있어. 디지털 도어록 안에 있는 반도체 칩이 망가지거든."

현호는 도어록을 가리켰다.

"철규야, 네 힘으로 이 도어록 뚜껑을 뜯어 봐."

"응, 그쯤이야."

철규는 두 손을 깍지 꼈다. 우두둑 손가락마다 관절이 꺾이는 소리가 났다. 철규는 손가락을 입에 물고는 콧등에 침을 몇 번 찍어 발랐다. 힘을 쓰기 전에 하는 철규의 습관이었다. 철규는 콧등을 몇 번 찡긋거리더니 도어록 뚜껑을 잡았다.

"이야아앗!"

소리를 내지르는 철규의 팔에 굵은 힘줄이 불끈불끈 솟았다. 철규의 얼굴은 시뻘겋게 달아올랐고, 팔등의 근육은 터질 듯이 단단하게 부풀었다. 어른도 할 수 없을 정도로 놀라운 괴력이었다.

우지직 뚝.

뭔가 부러지는 소리가 들렸다. 이내 도어록 뚜껑은 힘없이 떨어져 나갔다.

예상한 그대로 뚜껑은 벗겨졌어도 도어록은 열리지 않았다. 도어록 내부의 복잡한 모습이 눈에 들어왔다. 현호는 건전지에 전선을 연결한 후 도어록 내부의 계기판에 갖다 댔다. 이쪽저쪽 돌아가면서 접촉했다.

철컥.

마치 금고가 열리 듯 도어록 열리는 소리가 들렸다. 아이들은 서로를 쳐다보며 환하게 웃었다.

R2-33호의 등장

세 아이 앞에 어두침침한 긴 복도가 나타났다. 천장 바로 밑의 CCTV는 계속 돌아가며 아이들의 움직임을 관찰했다.

복도는 세 갈래 길로 나눠져 있었다.

"어디로 가야 할지 모르겠어."

숯 전등을 든 현호가 길을 살피며 망설였다.

철규가 자신 있게 말했다.

"걱정 마. 이럴 때에는 침 내비게이션을 쓰면 되니까."

"침 내비게이션?"

"내 침 내비게이션은 길 찾기를 끝내주게 잘하거든. 한번도 틀린 적이 없어."

철규는 손바닥에 침을 퉤 뱉었다. 그러고는 손가락으로 힘껏 쳤다.

철썩!

"앗! 뭐야?"

태희가 앙칼진 목소리로 화를 내며 볼을 닦았다. 침이 태희의 볼 쪽으로 날아간 것이다.

"길 찾기 좋아한다! 내 얼굴 속으로 들어올래?"

"……."

철규의 얼굴이 새빨개졌다. 숯으로 만든 전등 불빛이 가물가물 해졌다. 건전지가 다 닳은 모양이었다. 불빛이 나가자 칠흑 같은 어둠이 몰려왔다.

"아, 이런……. 큰일이야."

"여기서 가만있을 수는 없어. 더듬거려서라도 한쪽으로 가야 해."

현호가 용기를 내어 앞장섰다. 금방이라도 바닥이 쑥 꺼지며 어디론가 빨려들어갈 것만 같았다. 아이들은 바짝 긴장한 채 손으로 벽을 더듬거리며 조심스럽게 발걸음을 뗐다.

삐걱삐걱, 삐걱삐걱…….

복도 저편에서 뭔가 소리가 났다.

소리에 맞춰 빨간 눈동자 두 개가 나타났다가 사라졌다가 다시 나타났다.

"저게 뭐야?"

삐걱삐걱, 삐걱삐걱…….

그것은 천천히 아이들 앞으로 다가왔다. 겁에 질린 태희의 얼굴이 점점 창백해졌다.

그것이 태희 앞에 우뚝 멈춰 섰다. 태희의 허리춤에서 빛나는 빨간 눈동자가 태희를 올려다봤다. 그러고는 태희의 치마를 확 잡아당겼다.

"으아아아악!"

어둠 속에서 태희의 날카로운 비명 소리가 울려 퍼졌다.

"이얍!"

순간적으로 철규가 허공으로 날아올라 그것을 걷어찼다.

퉁! 쿵!

둔탁한 소리와 함께 무거운 쇠붙이가 나뒹구는 소리가 들렸다.

"아야야, 아프다. 왜 때려?"

네다섯 살 된 아이의 목소리가 들렸다. 쇠붙이에서 밝은 불빛이 환하게 비쳤다. 아이들의 눈이 동그래졌다.

"로봇이잖아?"

동그란 머리에 원통형 몸체를 하고 있는 작은 로봇이었다. 로봇은 몸을 비틀더니 자기 스스로 일어났다.

"난 R2-33호. 닥터 Q의 집사이자 청소 로봇. 방가 방가."

R2의 눈이 방긋 웃는 스마일 표시로 바뀌었다.

"귀엽다!"

태희가 무릎을 굽혀 앉으며 R2의 머리를 쓰다듬었다.

"누나! 배고프다! 밥 줘!"

"로봇이 밥도 먹니?"

"난 전기가 밥. 그런데 나쁜 골렘이 자기 말 안 듣는다고 전기를 끊었다. 밥 줘라. 아니면 나 죽는다."

"죽어? 로봇이 어떻게 죽어?"

"전지가 떨어지면 내 저장 장치도 다 지워진다. 그게 내가 죽는 거다."

"이 로봇이 지금 무슨 말을 하는 거야?"

현호가 끼어들자 태희가 설명했다.

"건전지가 다 떨어지면 자기 몸에 저장된 프로그램이 삭제되나 봐. 건전지를 어디서 구하지?"

"내 생명은 이제 9분 남았다. 누나! 밥 줘라. 아빠 실험실에 가면 건전지가 있다."

R2는 머리에 달린 플래시로 복도 끝을 비쳤다.

"어서 가자!"

현호가 말하자 철규가 의심스런 눈초리로 팔짱을 꼈다.

"얘 말을 믿어도 되는 거야? 얘는 골렘이랑 한패일 수도 있어. 부하나 스…… 스 뭐더라?"

"스파이!"

현호가 대답했다.

"그래, 맞았어! 그러니까 골렘의 스파이일지도 몰라."
"난 골렘 부하가 아니다. 골렘은 미쳤다. 바이러스에 걸렸다. 그래서 아빠가 백신을 구하러 가셨다. 내 생명이 남은 시간은 8분 22초. 아빠가 오기 전까지 반드시 살아 있어야 한다. 빨리 새 건전지를 넣어 줘라."

"불쌍해! 얼른 실험실로 가자."
태희가 R2의 머리를 매만졌다.
"그래. 거짓말하는 거 같지는 않아. 로봇이 설마 거짓말하려고……."
아이들은 R2를 따라 복도를 뛰어갔다.

유령의 집에서 만난 톡톡 과학 상식

전구에 숨은 필라멘트의 비밀

 전구가 없었을 때에는 어떻게 살았나요?

1879년 미국의 발명가 토머스 에디슨이 전구를 발명했지요. 그 전에는 세상에 전구라는 게 없었어요.

전구가 없었을 때에는 사람들이 몹시 불편하게 살았어요. 선사 시대부터 1500년쯤까지는 햇빛 외에는 별다른 불빛이 없었어요. 동물 기름이나 나무를 태워 불을 피우기도 했지만, 그다지 밝지도 않았고, 사용하기에도 불편했어요. 양초는 1600여 년부터 사용하기 시작했고요.

불빛이 없으면 사람들은 활동하기가 어려워요. 전구가 발명되면서

사람들이 밤에도 활동할 수 있게 되자, 산업과 문화가 큰 발전을 하게 됐어요.

 알아보기　필라멘트는 왜 꼬불꼬불하게 생겼을까요?

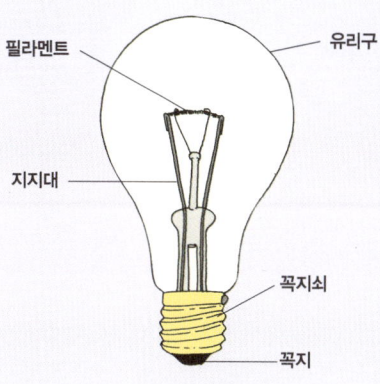

전구의 구조

　전구를 들여다보면, 아주 가느다란 철사가 꼬불꼬불 스프링처럼 말려 있는 걸 볼 수 있어요. 이것이 바로 필라멘트예요. 전구에서 가장 중요한 부품이지요.

　필라멘트가 이렇게 가늘고 꼬불꼬불한 것은 전기의 저항을 많이 받기 위해서예요. 전기 속에 들어있는 전자가 흐르다가 가늘고 꼬불꼬불한 텅스텐을 지날 때 여기저기 부딪치게 돼요. 이것을 저항이라고 하는데, 저항을 많이 받으면 받을수록 열과 빛을 더 많이 내요. 전구 안에 필라멘트가 쉽게 타지 않도록 아르곤이나 질소 가스 같은 가스를 넣어요.

　최근에는 여러 가지 색의 발광 다이오드 전구, 납작한 모양으로 디자인된 전구, 공중에 뜬 채로 켜지는 전구, 지갑에 넣을 수 있는 휴대용 발광 다이오드 전구 등 최첨단 과학 기술을 이용한 전구가 나오고 있어요.

유령의 집에서 만난 톡톡 과학 상식

전구 탄생에 숨은 비밀

 에디슨은 전구를 어떻게 만들었나요?

"내가 전기로 불빛을 만들어 보이겠소!"

토머스 에디슨이 사람들 앞에 선언했지만 아무도 에디슨의 말을 믿어 주지 않았어요. 당시 사람들은 전기로 불빛을 켜는 건 불가능하다고 생각했기 때문이에요.

에디슨은 수많은 실험을 거듭했어요. 가장 어려운 건 타서 없어지지 않고 오랫동안 불빛을 낼 재료를 찾는 것이었어요. 에디슨은 1600여 가지나 되는 재료를 사용해 연구를 했지만, 모두 실패했어요.

밤늦게까지 실험을 하던 에디슨의 옷 소맷부리에 촛불이 옮아 붙었어요. 옷의 무명실이 타들어가는 걸 본 에디슨은 "옳다구나!" 하고 무릎을 쳤어요. 에디슨은 무명실을 꼬아서 전구의 필라멘트로 사용했어요. 무명실은 무려 13시간 동안이나 불을 밝혔어요.

오늘날 전구의 필라멘트는 텅스텐이란 금속으로 만들어요. 텅스텐이 높은 온도에서 잘 견디기 때문이지요.

 **알아보기** 전지 속에는 어떻게 전기가 저장되나요?

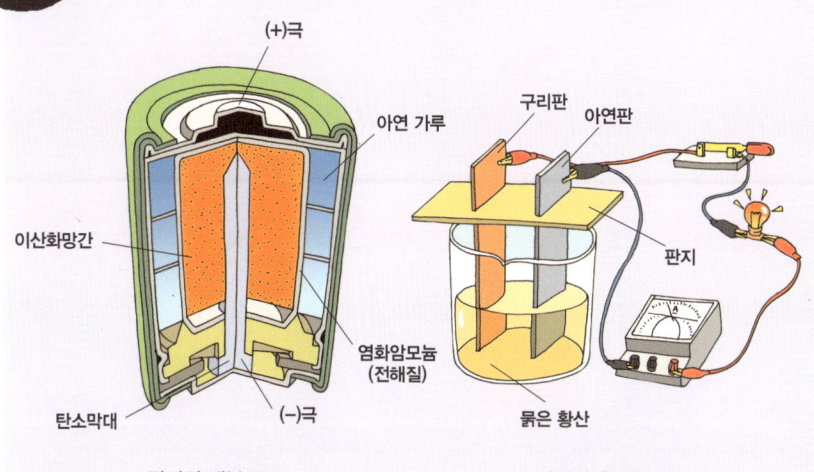

전지의 내부 구조 전지의 원리와 구조

전지는 전기를 편리하게 사용하도록 언제든지 꺼내 쓸 수 있는 전기 저장 장치예요. 건전지는 강철 케이스 안에 이산화망간과 아연 가루, 염화암모늄, 탄소 막대가 들어 있어요.

이것들은 전지의 내부에서 화학 반응을 일으키면서 건전지의 아래쪽에는 음전하가 생기고, 위쪽에는 양전하가 생겨요.

건전지의 (+)극과 (−)극을 전선으로 연결하면, (+)극과 (−)극 사이에 전기가 흘러가는 길이 생기게 돼요. 전자들은 전선을 따라 (−)극에서 (+)극으로 간답니다.

깡통 건전지 제작법

실험실 문을 열자, 복잡한 장비와 전선들이 여러 대의 컴퓨터와 연결되어 있었다.

태희는 주변을 두리번거렸다.

"건전지가 어디 있다는 거야?"

R2가 책상 위에 있는 선반을 가리켰다.

"저건 건전지가 아니잖아. 탄소 가루라고 쓰여 있는데?"

R2가 대답했다.

"저걸로 만들어야 한다. 내 몸은 특수 건전지만 들어간다."

당황한 태희가 말했다.

"우리더러 건전지를 만들라는 거야? 우리가 무슨 닥터 Q인 줄 아나 봐."

꼬르륵 꼬르르륵.

R2의 몸에서 이상한 소리가 났다. 전원을 교체하라는 긴급 신호인 것 같았다. 반짝이던 두 눈동자의 불빛도 점점 희미해져 갔다.

"내가 한번 해 볼게."

현호가 말했다.

"아무리 네가 맥가이버라지만 건전지를 어떻게 만들어? 위험한 화학 가루 같은 건 잘못 만지면 큰일 나. 이제 다 틀렸어."

철규가 현호를 말렸다.

"아니야. 건전지의 원리는 생각보다 간단해. 여기 있는 재료로 만들 수 있을지도 몰라."

책상 위로 올라간 현호는 선반에서 탄소 가루와 탄소 막대가 든 봉지를 꺼냈다.

"소금물이 필요해. 키친타월도."

"소금물이랑 키친타월은 왜?"

"나중에 얘기해 줄게. 지금 한시가 급해."

태희와 철규는 현호의 말대로 실험실을 뒤져 소금물과 키친타월을 가져왔다. 그 사이에 현호는 책상 밑에 있던 낡은 상자에서 아연으로 만든 빈 깡통을 발견했다.

장갑을 낀 현호는 재료를 책상 위에 펼쳐 놓고 건전지를 만들었다. 그런 현호의 모습은 마치 놀라운 실험을 하는 과학자 같았다.

"신기하네! 어떻게 한 거야?"

"역시 내 생각이 맞았어. 아연은 (−)극이고 탄소 막대는 (+)극이야. 그래서 아연 깡통과 탄소 막대를 서로 연결하면 아연 깡통에서 흘러나온 전자가 탄소 막대로 흘러 들어가거든. 소금물을 넣은 건 전류를 잘 흐르게 하는 전해질 역할을 하기 위해서고."

꼬르르륵 꼬르르륵.

R2는 빨간 눈동자가 슬픈 표시로 바뀌었다. 기억 장치가 삭제되기

현호는 실험왕

소금물은 건전지에 꼭 필요한 전해질 역할을 해.

깡통으로 건전지 만들기

전지는 전기 회로에 전류를 흐르게 합니다. 전지의 양쪽 끝에는 모양이 서로 같거나 다른 (+)극과 (−)극이 있습니다.

준비물

 아연 깡통 1개   탄소 가루   탄소 막대 1개
 소금물 키친타월 막대 1개

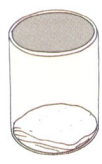 →

아연 깡통 안에 키친타월을 깔아 주세요. 그 위에 탄소 가루를 넣어 주세요.

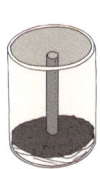 ←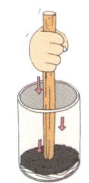

아연 깡통 가운데에 탄소 막대를 세워 주세요. 막대기로 탄소 가루를 꾹꾹 눌러 주세요.

 →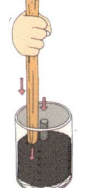

그 위에 미리 준비한 소금물을 부어 주세요. 다시 한 번 탄소 가루를 넣고, 막대기로 꾹꾹 눌러 주세요. 그러면 깡통 건전지가 완성돼요.

삐융! 현호 형 멋지다!

직전이었다.

"R2! 조금만 참어."

현호는 R2의 몸체 앞 버튼을 눌렀다. 다 닳은 건전지를 빼내고, 자기가 만든 깡통 건전지를 넣었다.

R2의 눈에서 갑자기 불빛이 번쩍였다.

"우왕! 힘 난다! 우왕! 맛나다!"

R2는 신 나게 자리에서 빙글빙글 돌았다. 현호가 빙그레 웃었다.

"정말 동생 같아. 귀여워."

"삐익, 형아, 고마워!"

R2가 현호 앞에서 뒤뚱뒤뚱 춤을 췄다. 그 모습이 너무 웃겨 아이들은 크게 웃었다.

투명 변기 속의 사이펀

"근데…… 내가 좀 급해."

철규가 말에 태희가 물었다.

"뭐가?"

철규가 수줍은 듯 자기 엉덩이를 가리켰다.

"화장실이 어디야?"

"몰라. R2는 때린 사람 말은 안 듣는다."

R2는 약을 올리듯 제자리에서 빙글빙글 돌기만 했다.

"아까는 네가 갑자기 튀어나와서 놀라서 그런 거야. 제발 빨리……."

얼굴이 점점 시뻘게진 철규는 온몸을 비틀며 괴로워했다.

현호가 다정한 목소리로 R2를 타일렀다.

"R2, 화장실로 앞장서라."

"형아, 따라 와."

아이들은 R2를 따라 화장실로 향했다. 복도를 돌아 화장실이 보이자마자 철규가 R2보다 먼저 뛰어갔다. 엉덩이를 움켜쥐고 화장실 문을 열고 뛰어 들어갔지만, 어찌된 일인지 변기가 보이지 않았다.

철규는 허둥대던 나머지 바닥에 있는 철제 손잡이에 걸려 넘어졌다.

"어이쿠!"

타일 바닥에 엎어지며 철규가 짧은 비명을 질렀다. 그러자 한쪽 벽이 한 바퀴 돌면서 물이 출렁거리는 변기가 나타났다. 신기하게도 속이 다 들여다보이는 투명한 변기였다.

"닥터 Q는 변기도 만드나?"

철규가 중얼거리며 변기에 앉았다. 끙 하고 힘을 준 철규는 시원한 듯 입가에 미소를 띠었다.

그때 화장실 문이 벌컥 열리며 R2가 들어왔다. R2의 손에서 변기

청소용 솔이 튀어나왔다.
"청소해야 한다. R2는 아빠가 오기 전에 변기 청소를 끝내야 한다."
윙 소리가 나며 R2는 플라스틱 솔을 돌려 변기 이쪽저쪽을 닦기 시작했다. 그 바람에 철규의 엉덩이도 가시처럼 뾰족한 솔에 수없이 찔렸다.
"아야야! R2! 조금 있다가 해! 아까 때렸다고 이런 식으로 복수하

냐? 로봇이 치사하게."

R2는 들은 척도 안 하고 솔로 철규의 엉덩이를 계속 문질렀다. 철규는 어쩔 수 없이 대충 일을 마치고 엉거주춤 일어났다. 거울에 비춰진 철규의 엉덩이는 빨갛게 달아올라 있었다.

"어휴, 저 고물 로봇을 그냥 확! 오늘은 컴퓨터한테 당하고 로봇한테 당하고. 태권도 공인 3단이 무슨 꼴이냐."

철규는 급하게 바지를 올리며 변기 손잡이를 내렸다. 쿠룽 소리가 나면서 변기에 물이 내려가고, 다시 차올랐다. 투명 변기라서 물이 어떻게 흐르는지 한눈에 보였다.

"신기하기도 하지. 변기는 전기도 안 쓰는데 어떻게 물이 자동으로 오르락내리락하는 걸까?"

철규는 평소에 생각해 보지 못한 호기심이 불쑥 솟았다. 화장실에서 나온 철규가 투명 변기에 대해 태희에게 말했다.

"그건 사이펀 때문이야."

"사이펀? 그게 뭐야?"

"변기 속의 물을 움직이게 만드는 힘 말이야. 그게 바로 사이펀의 원리를 이용한 거야. 쉽게 말하면, 대기의 압력으로 물을 움직이는 거지."

"우아, 변기 속에 그런 과학이 숨어 있었나?"

철규가 고개를 갸웃거렸다.

초음파로 씻은 손

태희가 한쪽 눈을 치켜뜨며 까다로운 엄마처럼 째려봤다.

"그런데 너 손 안 씻었지?"

철규는 머리를 긁적였다. 등 뒤에서 R2가 물그릇을 들고 다가왔다.

"R2가 초음파로 손 씻어 준다. 세균 없도록 소독도 해 준다."

"어? 고마워. 나랑 친해지고 싶은가 보네. 진작 그렇게 나와야지."

철규는 싱긋 웃으면서 물그릇에 손을 담갔다. 그러자 R2가 자신의 손가락을 물그릇에 집어넣었다.

물그릇이 미세하게 떨리면서 파장이 일었다. 현호가 신기한 표정으로 내려다봤다.

"신기하네. R2 손가락에서 초음파가 발생하나 봐."

"안경점에 가면 안경을 자동 세척하는 기계가 있잖아. 그거랑 원리가 똑같은 거야."

태희가 말했다.

"크크. 좀 간지러운데."

철규가 웃음을 참지 못했다.

"R2 때문에 이 집에는 해충이 없겠어."

"왜에에에?"

초음파 때문에 철규의 목소리가 떨렸다.

"초음파는 모기 같은 해충을 쫓을 수 있거든. 사람의 피를 빠는 모기는 암컷인데 알을 낳을 때가 되면 수컷 모기를 피하거든. 그런데 수컷 모기가 초음파를 내면서 돌아다녀. 암컷 모기들은 초음파가 들리면 가까이 오지 않아."

"아, 맞아. 나도 아빠랑 낚시 갈 때 초음파 모기 퇴치기를 써 본 적이 있어. 아무 소리도 안 들려서 고장 난 줄 알았더니 그게 아니구나."

"초음파로 쥐도 쫓고, 바퀴벌레도 쫓는대. 엄마 배 속에 가진 아기를 보는 기계도 초음파를 이용하는 거야."

철규는 비누로 손을 문지른 후 다시 물그릇에 담갔다. 금세 비눗방울이 떨어져 나갔다.

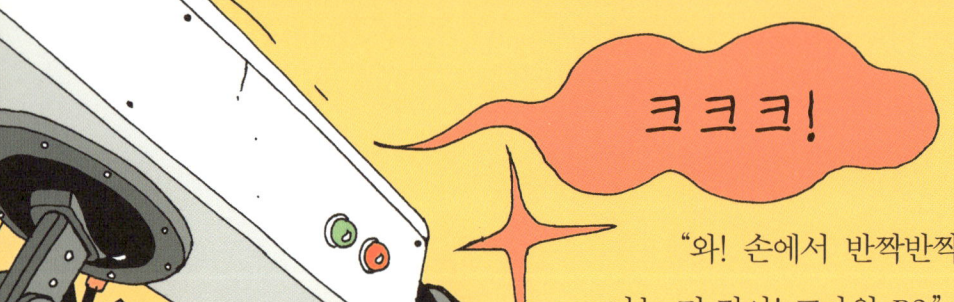

"와! 손에서 반짝반짝 빛이 나는 거 같아! 고마워, R2."

철규가 자기 손을 보면서 소리쳤다. R2는 물그릇을 들고 돌아서려다 말고 왈칵 철규의 배에 쏟았다. 철규의 바지가 온통 젖었다.

"앗! 차가워!"

"R2의 실수! 실수!"

"야! 실수가 아니라 복수 아니야? 친절한 줄 알았더니 골탕 먹일 작전이었어?"

"로봇도 실수한다! R2의 실수! 실수!"

철규가 주먹을 쥐어 보였다. R2는 철규를 피해 저만큼 도망갔고, 철규가 잡으러 뒤쫓아 갔다.
"거기 안 서! 잡히면 우그러진 주전자처럼 만들어 버릴 거야!"
태희와 현호가 배를 잡고 웃었다.
"R2랑 같이 있으니까 안심이 돼. 길을 몰라 위험한 곳에 빠질 일도 없잖아."
태희의 말에 현호가 고개를 끄덕였다.
"그래, 닥터 Q가 곧 온다니까 조금만 기다리자. 안전하게 구출될 수 있을 거야."
현호가 철규를 뒤따라가며 말했다.
그러나 빨간 불이 들어온 CCTV가 돌아가며 아이들의 움직임을 지켜보고 있었다. 그것은 마치 골렘의 눈처럼 기분 나빴다.

유령의 집에서 만난 톡톡 과학 상식
초음파에 숨은 소리의 비밀

가청 주파수 영역

 초음파는 왜 들리지 않나요?

　모든 소리는 보이지 않는 음파를 통해 전달돼요. 초음파도 음파로 볼 수 있지요. 귀에 들어온 음파는 바깥귀길(외이도)를 따라 나아가다가 고막에 부딪쳐요. 그러면 고막이 진동하면서 잔물결을 만들어 내요. 잔물결은 3개의 작은 뼈와 귀 안쪽 깊숙한 곳에 있는 달팽이관의 타원창(난원창)을 통해 전달돼요. 이렇게 달팽이관에 나 있는 작은 털 같은 세포들이 이 진동을 자기 신호로 바꾸어 뇌에 보내면 뇌가 전기 신호를 해석해 소리를 구별해요.

　그런데 사람의 귀가 들을 수 있는 소리가 있고 없는 소리가 있어요. 사람의 귀가 들을 수 있는 소리를 가청 주파수라고 해요. 보

통 16헤르츠(16Hz)~20킬로헤르츠(20KHz)예요. 그런데 초음파는 20Khz를 넘는 소리라서 사람의 귀에 들리지 않아요.

 **알아보기**   초음파 세척기의 원리는 무엇인가요?

초음파 세척기

안경점에 가면 안경에 묻은 이물질을 깨끗하게 제거하는 기계를 볼 수 있어요. 바로 초음파 세척기예요. 초음파 세척기는 초음파의 특수한 에너지를 이용해 세척을 하는 거예요.

초음파에는 대단한 에너지가 숨어 있어요. 물속에 초음파를 발생시키면 미세한 진동이 일어나요. 초당 2만 5,000~3만 번으로 상상할 수 없을 만큼 빠르지요. 이 진동의 힘은 빨랫방망이로 두드려 세탁하는 효과와 비슷해요. 그래서 세척물에 붙어 있는 이물질과 작은 구멍이나 눈에 보이지 않는 오물까지 깨끗하게 떨어 내요.

초음파 세척기는 안경뿐 아니라 야채, 과일을 닦는 용도로 가정용 제품으로도 나와 있어요. 식기나 컵, 수저, 가위 등 주방용품을 세척하고 젖병, 젖꼭지 등에도 사용할 수 있는 등 사용 범위가 넓은 편이에요.

유령의 집에서 만난 톡톡 과학 상식

전지에 숨은 전기의 비밀

1800년 볼타가 만든 전지

 개구리 다리를 보고 전지를 만들었다고요?

1791년 이탈리아의 생물학자인 루이지 갈바니는 개구리 다리를 놓고 실험을 하고 있었어요. 그런데 죽은 개구리 다리에 서로 다른 쇠붙이를 갖다 대자, 다리가 꿈틀거렸어요. 갈바니는 개구리 다리의 근육에서 전기가 발생된다고 믿었어요.

갈바니가 생각한 것처럼 개구리 다리가 전기를 만드는 게 아니라, 쇠붙이에서 전기가 만들어진다는 걸 알아낸 사람은 이탈리아 과학자인 볼타였어요. 볼타는 죽은 개구리 다리 대신에 젖은 종이 판자를 놓거나 소금물을 사용해 봤어요. 그러자 서로 다른 쇠붙이 두 개를 소금물에 담그면 전기가 발생한다는 사실을 알게 됐어요. 볼

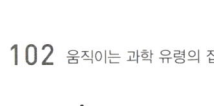

타는 실험을 거듭한 끝에, 결국 최초로 전지를 발명했어요.

 **알아보기** 영원히 사용할 수 있는 전지는 없나요?

전지에는 적은 양의 전기는 저장할 수 있어요. 그러나 많은 양의 전기를 저장하는 기술이 아직 발명되지 않았어요. 발전소에서 가정이나 공장에 전기를 보내고 남은 전기는 모두 사라지고 말아요. 만약 많은 전기를 저장할 수 있다면, 대기 오염을 일으키는 기름으로 가는 자동차가 사라질 거예요.

자동차에 들어가는 전지는 축전지를 사용해요. 축전지는 자동차가 달리는 힘을 이용해 스스로 전기가 충전돼요. 영원히 사용할 수는 없지만 건전지와는 비교할 수 없을 만큼 오래 사용할 수 있어요.

태양 전지라는 것도 있어요. 태양열을 전기로 바꾸는 전지예요. 태양이 비치는 곳이면 어디든지 전기를 거의 안 쓰는 전자계산기나 인공위성에서 많이 사용해요. 현재의 과학 기술로는 영원히 사용할 수 있는 전지를 만들 수 없어요.

유령의 집에서 만난 톡톡 과학 상식

변기에 숨어 있는 사이펀의 비밀

재래식 화장실

수세식 화장실

 화장실이 집 안으로 들어온 이유는 무엇인가요?

수세식 변기가 없었던 시절에는 화장실이 집에서 멀리 떨어져 있었어요. 더럽고, 냄새가 심하게 났고, 파리 같은 벌레가 많았기 때문이에요.

그런데 수세식 변기로 바뀌면서 화장실은 집 안으로 들어오게 됐어요. 깨끗하고, 냄새도 안 났기 때문이지요.

변기에는 항상 일정한 양의 물이 고여 있어요. 이 물이 바로 뚜껑 역할을 해요. 하수구에서 올라오는 냄새와 벌레를 막아 주지요. 소변 냄새인 암모니아는 물에 잘 녹는 성질이 있어서 물을 뚫고 올라오지 못해요.

알아보기 수세식 변기 속은 어떻게 생겼을까요?

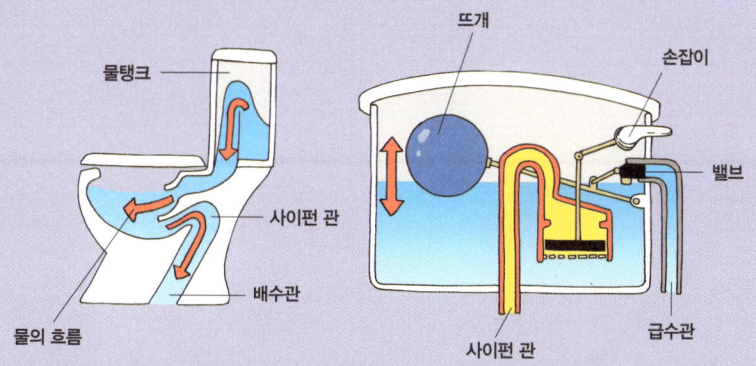

수세식 변기의 물을 내리면 언제나 똑같은 양의 물이 다시 차요. 물은 언제나 위에서 아래로 흘러요. 그런데 수세식 변기 속의 물은 정반대로 아래에서 위로 흐르지요. 이렇게 해야만 냄새가 올라오는 걸 막을 수 있으니까요. 이것을 '사이펀의 원리'라고 불러요.

사이펀이란 높은 곳에 있는 물을 낮은 곳으로 옮기는 관이에요. 사이펀은 공기의 압력 때문에 생기는 현상을 이용한 것이에요. 공기가 위에서 누르는 힘 때문에 물이 거꾸로 흐르는 거지요.

간단한 실험으로 사이펀의 원리를 이해할 수 있어요. 높은 쪽과 낮은 쪽에 각각 물그릇을 놓고, 빨대를 꺾어 연결해 보세요. 신기하게도 물이 거꾸로 올라가면서 낮은 쪽 그릇으로 흐를 거예요. 빨대가 바로 사이펀 역할을 하는 거지요. 물은 어느 정도 흐르면 수세식 변기 속의 물처럼 저절로 멈춘답니다.

보이지 않는 벽

쿵!

육중한 충격 소리와 함께 달려가던 철규가 뒤로 벌렁 넘어졌다. 현호가 깜짝 놀라 달려갔다.

철규의 이마에서는 붉은 피가 흘렀다. 뭔가에 부딪쳐 넘어진 게 분명했지만, 눈에 보이는 게 없었다.

현호가 손을 뻗었다. 뭔가 차갑고 매끄러운 것이 만져졌다.

그것은 유리였다. 아주 투명한 유리가 어느새 천장에서 내려와 벽처럼 앞을 가로막고 있었다. 유리 벽 저쪽에는 태희가, 유리 벽 이쪽에는 현호와 철규가 불안한 눈빛으로 바라봤다.

태희가 걱정스러운 눈빛으로 유리 벽을 두드렸다. 뭐라고 말을 했지만, 유리 벽에 막혀 희미하게 들렸다.

철규가 손등으로 이마의 피를 닦으면서 일어났다.

"또 골렘 짓이야? 우리를 유리 벽으로 가두려고? 이까짓 유리는 한 방에 깰 수 있어!"

철규는 유리 벽에서 서너 걸음 물러나 날아오를 자세를 취했다.

"안 돼! 철규야! 유리가 깨지면 유리 조각에 심하게 다칠 거야!"

현호가 외쳤지만, 철규의 몸은 이미 허공으로 날아올랐다. 철규가 이단옆차기 자세로 유리 벽을 힘차게 걷어찼다.

투웅.

철규가 바닥에 데구루루 나뒹굴었다. 유리 벽은 살짝 흔들렸을 뿐 흠집 하나 나지 않았다.

"뭐야? 이거 유리 맞아?"

철규가 화가 잔뜩 난 얼굴로 씩씩거렸다. 철규는 우두둑 손가락 마디를 몇 번 꺾더니 콧등에 침을 몇 번 찍어 발랐다.

"이얍!"

철규의 정권찌르기가 유리 벽을 그대로 가격했다.

"아얏!"

철규가 주먹을 감싸 쥔 채 바닥에 주저앉았다.

"철규야, 그만해! 이건 보통 유리가 아니야. 그 정도 충격으로는 깨지지 않아!"

현호가 철규를 막아섰다.

"크으흐……."

골렘의 목소리가 들렸다.

갑자기 한쪽 벽에 걸린 벽걸이 텔레비전이 저절로 켜졌다. 피부가 새카맣고, 눈썹과 머리카락이 한 올도 없고, 눈동자가 새빨간 얼굴이 나타났다. 사람이 아니라 악마처럼 보였다.

"크으흐, 너희들은 이제 독 안에 든 쥐다."

텔레비전 속의 악마가 말했다.

"넌 골렘?"

현호가 외쳤다.

"크으흐, 내 얼굴이 마음에 들어? 내가 만들었어. 아빠가 만들어 준 천사 같은 아이의 얼굴은 버려 버렸지."

"악마가 되고 싶은 거야? 우리를 왜 괴롭히는 거야?"

"너희는 절대 유리 벽을 깨뜨리지 못해. 강철보다 강한 강화 유리야. 총알도 막는 방탄유리야. 실험실 안전장치로 만든 것인데, 꼬마 도둑을 잡는 데 사용할 줄이야. 크으흐."

"우리를 집 밖으로 나가게 해 줘! 우린 도둑이 아니야!"

현호가 목청을 높여 소리를 질렀다.

"아직도 기운이 넘치는 목소리로구나! 사람은 역시 위험한 동물이야. 남의 집에 침입해 함부로 깨고, 만지고, 망가뜨리더니, 이제 와서 고이 보내 달라고? 너희의 숨통을 서서히 고통스럽게 끊어 주마."

열기와 냉기의 공격

"컥!"

현호가 갑자기 코와 목을 움켜쥐었다. 태희가 유리 벽을 두드리며 외쳤다.

"왜 그래? 무슨 일이야?"

"독가스! 골렘이 우릴 죽이려고 이 방에 독가스를 퍼뜨렸나 봐. 숨을 못 쉬겠어."

현호는 간신히 말하며 바닥에 주저앉았다.

"어떻게 해! 빨리 방독면을 찾아봐!"

태희가 발을 동동 구르며 안타까워했다.

"철규야, 빨리 코 막아! 정신 잃기 전에!"

현호가 한쪽 팔로 철규의 소매를 잡고 절박하게 흔들었다.

"독가스가 아니야."

얼굴이 빨갛게 달아오른 철규가 낮게 중얼거렸다.

"뭐라고?"

"독가스가 아니라…… 내가 방귀를……."

"헉!"

현호가 눈을 동그랗게 뜨며 어이없는 표정을 지었다.

"철규야, 어쩜 방귀 냄새가 이렇게 지독하냐. 우웩, 토할 거 같아."

"아까 화장실에서 일을 다 봤어야 했는데, R2가 엉덩이를 자꾸 때리잖아. 대충 보다 나왔더니만……."

철규는 고개를 들지 못하고 현호와 태희를 힐끔 쳐다봤다. 태희가 눈썹을 치켜뜨며 팔짱을 낀 채 째려봤다.

"이런 와중에 방귀 뀌는 인간은 지구상에 너 혼자일 거야."

"크으흐."

골렘이 텔레비전 속에서 비웃었다.

"웃기는 꼬마들이로구나. 인간은 온도에 약한 동물이지? 냉기와 열기를 뿜어 주마. 너희같이 약한 동물들이 얼마나 견딜지 궁금하구나. 내 계산에 의하면, 이 방의 습도에서 영상 50도와 영하 50도라면 살아 있을 수 없어. 정상적인 체온을 유지할 수 없을 테니까."

아이들은 서로의 얼굴을 보며 심각한 표정을 지었다.

그때 천장에서 쉭 하고 소리가 났다. 그리고 현호와 철규가 있는 천장에서는 뜨거운 열기가 내려왔다. 히터가 켜진 것이다.

반대로 태희가 있는 천장에서는 차가운 냉기가 내려왔다. 에어컨을 튼 것이다.

쉭쉭쉭.

두 개의 공간은 금세 뜨거운 열기와 차가운 냉기로 가득 찼다. 현호는 벽에 걸린 온도계를 바라봤다. 바늘이 영상 40도를 향해 숨 가쁘게 올라가고 있었다.

태희는 온몸을 오들오들 떨었다. 현호와 철규는 끈적끈적한 땀을 흘렸다.

"덥다, 너무 더워. 이 방은 습도가 높은가 봐. 숨이 막혀."

현호는 온몸이 땀으로 젖었다.

어느새 삼십 분이 흘렀다. 천장의 히터에서 뿜어내는 뜨거운 열기

는 멈출 줄 몰랐다. 방 안은 사우나 욕탕처럼 뜨거워졌다.

현호는 숨통이 막혀 제대로 숨을 쉴 수 없었다. 숨을 들이마실 때마다 뜨거운 열기가 콧속으로 파고들었다. 철규는 온몸이 아이스크림 녹듯이 녹아내리는 기분이 들었다.

유리 벽 저편에서는 태희가 새파랗게 질려 있었다. 소리가 날 정도로 턱을 덜덜 떨고, 몸을 잔뜩 웅크린 채 부들부들 떨었다.

철규는 태희가 너무 불쌍해 유리 벽을 주먹으로 쿵쿵 내리쳤다. 하지만 힘이 없어 몇 번 치고는 지쳐 버렸다.

"열은 높은 곳에서 낮은 곳으로 이동한다고 배웠잖아. 왜 이쪽 열이 저쪽으로 이동하지 않는 거야?"

"열은 대류, 복사, 전도로 이동하는데, 유리 벽에 막혀 대류와 복사는 아예 안 되는 거야."

"전도는?"

"이 유리는 이중창이야. 유리 두 장 사이에 공기가 들어 있어. 공기가 단열재 역할을 해서 전도가 되지 않아."

냉장고에서 나오는 보이지 않는 열

현호와 철규는 목이 타는 듯이 말라왔다.

"물을 먹어야 해. 물을 못 먹으면 우린 탈수 증세를 일으켜 정신을 잃을 거야."

현호는 비틀거리며 구석에 있는 대형 냉장고로 다가갔다. 냉장고 안에는 물은커녕 아무것도 없었다. 냉동실에는 머리만 한 얼음덩어리가 달라붙어 있었다.

철규가 옆에 있는 송곳을 들더니 얼음덩어리를 힘껏 찔렀다. 얼음이 툭 하고 바닥으로 떨어졌다.

"이걸 어떻게 깨 먹지?"

얼음덩어리를 든 철규가 물었다. 현호가 식탁 위에 있는 믹서를 가리키곤 얼음덩어리를 바닥에 내리쳤다. 그러고는 조각난 얼음덩어리

몇 개를 주워 믹서에 넣고 돌렸다.

믹서에 넣은 얼음덩어리는 곧 작은 얼음이 섞인 물로 변했다. 현호와 철규는 차례대로 얼음물을 마셨다.

"아! 살 것 같다!"

철규가 남은 얼음물을 머리에 확 뿌렸다. 현호는 믹서에 붙은 톱니를 손가락으로 돌리며 아쉬운 표정을 지었다.

"이 믹서 안에 있는 전동기가 강력하다면, 강화 유리를 깰 수도 있을 텐데……. 강력한 진동을 일으키면 아무리 강화 유리라도 견디지 못할 거야."

"집 안에 더 강력한 전동기가 있는지 찾아보자!"

"집 안에야 전동기가 많지. 진공청소기나 휴대 전화에도 들어가니까. 하지만 가장 강력한 전동기라면 세탁기일 거야."

"세탁기?"

철규가 대형 냉장고 옆에 있는 세탁기를 바라봤다. 현호가 자신이 없다는 표정으로 고개를 흔들었다.

"세탁기 안에 있는 전동기만 따로 분해하기는 어려워. 너무 위험해."

"하긴 그래. 아! 좋은 생각이 떠올랐어! 저 대형 냉장고 문을 열어 놓자. 그러면 냉기가 나와서 이 방의 온도를 낮춰 줄 거야. 냉장고나 에어컨은 원리가 비슷하니까 에어컨처럼 쓸 수 있을 거야. 더우면 냉기도 더 많이 나올 테고."

철규는 냉장고 문을 활짝 열어 놓았다. 더위에 지친 둘은 그 앞에 털썩 주저앉았다. 순간적으로 차가운 냉기가 잠시나마 열을 식혀 주었다. 그런데 이상하게도 웅 소리를 내며 냉장고는 계속 돌아갔지만, 방 안의 열기는 점점 더 뜨거워지는 듯했다. 현호와 철규는 땀으로 범벅이 된 채 바닥에 널브러졌다. 온몸의 기운이 빠져나가는 것 같았다.

태희가 유리 벽 너머에서 손을 흔들었다. 무슨 말인가를 했지만, 유리 벽에 막혀 잘 들리지 않았다. 할 수 없었던지 태희는 볼펜으로 종이에 뭔가를 적어 들어 보였다.

냉장고 문 닫아. 더워.

철규가 고개를 갸웃거렸다. 시원한 냉기가 나와야 하는데 왜 더워진다는 것인지 이해할 수 없었다. 태희는 다시 종이에 적었다.

냉장고는 차가워지는 만큼 열을 더 내보내.

철규는 그제야 알아듣고 냉장고의 문을 닫았다. 현호는 어질어질한 머리로 탈출할 방법을 고민했지만, 도무지 떠오르지 않았다.

유령의 집에서 만난 톡톡 과학 상식
물질에 숨은 열의 비밀

여름철 철로

겨울철 철로

 열은 기체인가요?

열은 뜨거운 곳에서 차가운 곳으로 흘러가요. 그렇다면 열이란 기체와 같은 것일까요? 한때 옛날의 과학자들은 그렇게 생각하기도 했어요.

하지만 열은 기체가 아니에요. 열은 물체 속에 있는 원자나 분자가 진동하면서 나오는 에너지예요. 전자레인지에서 음식이 데워지는 이유도, 마이크로파로 음식의 원자나 분자를 진동시켜 마찰열이 나오는 것이지요.

철길은 겨울에는 이음매가 벌어지고, 여름에는 좁아져요. 여름이

되면, 열을 받아 늘어나서 그런 거지요. 이처럼 물질은 열을 받으면 부피가 늘어나요. 그 이유는 물질 속에 있는 원자들이 빨리 진동하기 때문에 원자끼리의 거리가 멀어지는 거지요.

 **알아보기** 열은 어떻게 전달되나요?

전도   대류   복사

　열은 전도, 대류, 복사 이렇게 세 가지 방법으로 전달돼요. 고체 속에서 열은 가까운 곳에서 차츰 먼 곳까지 전달돼요. 한쪽 끝의 뜨거운 원자가 세게 진동하면서 옆 원자로 진동이 전달돼요. 그렇게 열이 다른 쪽 끝까지 이동하는 거지요. 이것을 바로 '전도'라고 불러요.

　그릇에 물을 담아 끓이면 열을 받은 아래쪽부터 데워져요. 아래쪽 물의 온도가 높아지면 가벼워져서 위로 올라가고, 위쪽의 온도가 낮은 물은 아래로 내려와요. 이렇게 물이 계속 돌면서 그릇 안에 있는 물 전체가 데워지는 거지요. 이것을 바로 '대류'라고 해요.

　태양에서 나오는 열은 빛으로 지구까지 전달되고, 사람들은 그 열을 이용해요. 이와 같이 빛으로 열이 전달되는 방법을 '복사'라고 해요.

유령의 집에서 만난 톡톡 과학 상식

세탁기에 숨은 전동기의 비밀

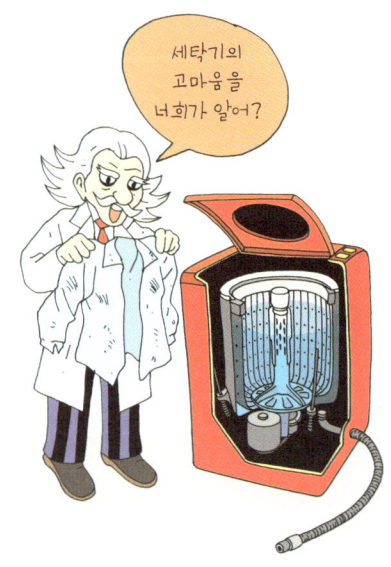

 세탁기와 전기 믹서는 어떤 힘의 영향을 받나요?

 강력한 전기 믹서와 아주 큰 이불 빨래도 시원하게 돌려주는 세탁기는 모양만 다를 뿐이지 똑같은 원리로 돌아가요. 바로 전동기의 원리를 이용한 거지요. 전동기는 다른 말로 전기 모터라고 불러요.
 스위치를 켜면 전기 믹서는 전동기가 돌아가고, 이 전동기에 달린 칼날이 돌면서 음식을 갈아 줘요.
 세탁기도 마찬가지예요. 전동기와 연결된 회전 날개가 빠른 속도로 돌아가면서 빨랫감과 세제를 함께 돌려요. 그러면 마찰력에 의해 서로 부딪치고 비벼지면서 때가 빠지지요.

전동기 내부를 보면 에나멜선을 촘촘히 감아 놓은 부분이 있어요. 전류가 흐르면 전자석이 되면서 에나멜선을 감아 놓은 부분이 회전한답니다.

 **알아보기** 전동기는 어떻게 생겼을까요?

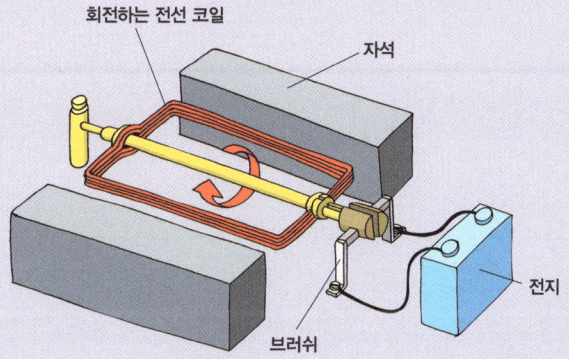

전동기는 우리가 주로 사용하는 가전제품에 대부분 들어가 있어요. 가전제품을 돌아가게 만드는 힘이 나오는 곳이 바로 전동기지요. 전기 믹서, 세탁기, 시계, 드릴, 카세트 플레이어, 장난감에 이르기까지 다양한 제품에 전동기를 사용해요.

전동기 안에는 자석과 전선 코일이 들어 있어요. 전선 코일에 전기가 흐르면 코일이 전자석으로 변하면서, 양쪽에 붙어 있는 자석들이 서로 밀고 당겨요. 그러면 전선 코일은 빠른 속도로 회전을 해요. 회전하는 힘이 강하기 때문에 가전제품을 움직일 수 있는 것이랍니다.

유령의 집에서 만난 톡톡 과학 상식

냉장고에 숨은 열의 비밀

 냉장고는 어떻게 차갑게 만드는 건가요?

아무리 뜨거운 물도 시간이 지나면 식어 버리고, 그 반대로 차가운 얼음도 녹아 버려요. 이것은 열이 이동하기 때문이에요. 뜨거운 물이 가진 열은 온도가 더 낮은 주변의 공기로 퍼져 사라져 버리고, 얼음은 주변의 공기가 가진 열이 얼음 속으로 스며들어 오면서 녹는 거예요.

냉장고는 이런 열의 성질을 거꾸로 이동하게끔 만든 장치예요. 열이 따뜻한 곳에서 차가운 곳으로 흐르는 것이 아니라, 차가운 곳에서 따뜻한 곳으로 흐르게 만든 거지요.

냉장고의 원리는 액체가 증발할 때에 주변의 열을 빼앗아요. 냉장

고는 내부에 액체를 증발시키는 장치가 돼 있어요. 이 장치에서 액체가 증발하며 주변의 열을 빼앗아 냉장고 안을 차갑게 하는 거지요.

알아보기 냉장고 안은 어떻게 생겼을까요?

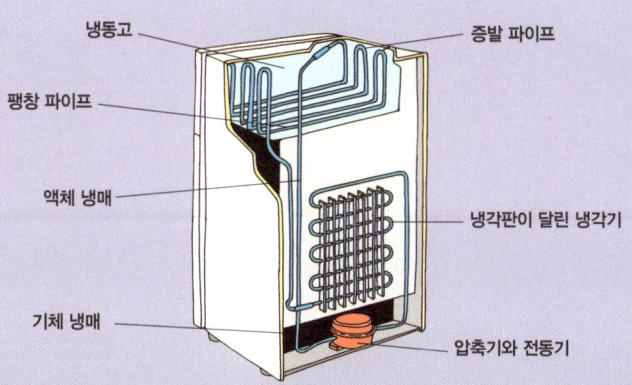

집 안에서 가장 큰 가전제품이 냉장고지만, 구조는 생각보다 복잡하지 않아요. 냉장고 안에는 가늘고 긴 관이 구불구불 이어져 있어요. 이 관은 중간에 한 번도 끊어지지 않고 냉장고 전체에 연결되어 있지요.

이 관 안에는 냉매라는 것이 들어 있어요. 냉매란 열을 빼앗기 위해 사용되는 물질이에요. 냉장고의 냉매는 기체로 된 가스예요. 주로 프레온 가스를 사용하지요. 그런데 프레온 가스는 지구 온난화를 일으키고 오존층을 파괴한다는 게 밝혀져서 국제기구는 프레온 가스를 대체하는 물질을 개발해 사용하기로 결정했어요.

냉장고의 전원을 켜면, 압축기가 작동하면서 관 속에 있는 가스에 높은 압력을 보내요. 그러면 가스는 액체로 변해 냉장고 안에 있는 구불구불 관을 따라 냉각기로 보내져요.

냉각기에 액체로 변한 냉매가 들어오면 압력이 낮아지면서 증발해 기체로 변해요. 그러면서 냉각기 안에 있는 관을 따라 돌게 되고, 결국 냉장고 안의 열을 빼앗아 가는 거예요.

초음파가 가진 공명의 힘

　오들오들 떨던 태희가 구석에 웅크리고 앉아 꾸벅꾸벅 졸기 시작했다. 그 모습을 본 현호는 유리 벽을 소리 나게 마구 두드렸다.
　"태희야, 졸지 마! 졸면 죽어!"
　깜짝 놀란 태희는 정신을 차리려고 세차게 머리를 흔들었다. 호호 입김을 불면서 꽁꽁 언 손도 녹였다. 그러나 이내 병든 닭처럼 고개를 꾸벅꾸벅 떨구었다.
　"태희야! 저체온증에 걸린단 말이야! 잠들면 정신을 잃고 심장이 멎어! 정신 차려!"
　현호와 철규는 안타까워 눈물을 흘렸다. 철규는 옆에 있던 철제 의자를 들어 미친 듯이 유리 벽을 내리쳤다.
　쾅쾅, 쾅쾅.
　철제 의자는 유리 벽에 부딪쳐 힘없이 튕겨 나왔다. 철규가 두 발로 유리 벽을 걷어차며 소리쳤다.
　"왜, 왜 유리가 깨지지 않는 거야! 세상에서 제일 잘 깨지는 게 유린데!"
　옆에 가만히 있던 R2가 희미한 소리를 냈다.
　"누나, 죽지 마. 죽는 건 사라지는 것. 죽는 건 영원히 볼 수 없는 것……."

R2의 눈에 눈물을 흘리는 슬픈 눈동자 모양이 깜박였다.

문득 현호의 머릿속으로 뭔가가 스쳐 지나갔다.

"그래! 세상에서 제일 잘 깨지는 게 유리야! 유리는 분자 구조가 액체와 비슷하잖아! 그러니까 유리는 액체처럼 진동에 약할 거야! 소리! 소리로 유리를 진동시키면 깰 수 있어!"

현호는 한쪽에 있던 녹음기를 보았다. 현호는 R2를 끌고 녹음기 옆으로 뛰어갔다.

"R2! 초음파 세척기! 어서 해 봐!"

R2는 손가락을 내밀더니 초음파를 발생시켰다. 현호는 초음파를 녹음기에 녹음했다. 눈을 동그랗게 뜬 철규가 현호의 행동을 지켜봤다.

"됐어! R2의 초음파는 너무 약해 유리를 깰 수 없어. 그래서 초음파를 녹음한 거야. 녹음기의 볼륨을 잔뜩 올려서 유리 벽에 바짝 갖다 붙일 거야. 그러면 진동이 일어나 유리 벽이 깨질지도 몰라!"

현호는 녹음기를 들어 유리 벽 한가운데에 갖다 댔다. 현호의 얼굴은 자신감이 넘쳐 보였다.

구리선으로 만든 무선 스피커

유리 벽에서 웅 하는 진동이 일어났다. 그러나 그뿐이었다. 녹음기의 초음파가 너무 약해 유리 벽을 깨기에는 역부족이었다.

"실패야! 다 실패! 우린 죽고 말 거야. 흑흑."

철규가 머리를 마구 흔들며 눈물을 흘렸다.

"여기서 포기할 순 없어! 더 강력한 소리를 낼 수만 있다면 가능할 텐데."

현호는 서둘러 주변을 둘러봤다. 태희는 옆으로 힘없이 쓰러졌다가 다시 일어났다 또 쓰러지곤 했다. 눈꺼풀을 뜰 힘조차 없는 것 같았다.

그때 현호의 눈동자가 번쩍였다. 유리 벽 너머 태희가 있는 쪽에 대형 스피커를 발견한 것이다.

"저기 있다! 저 정도면 충분히 강력한 초음파를 발생시킬 수 있을 거야!"

"하지만 현호야. 스피커는 유리 벽 저쪽에 있잖아. 녹음기랑 어떻게 연결해. 흑흑."

철규가 고개를 푹 숙이며 흐느꼈다. 현호는 머리를 쥐어뜯으며 맴을 돌았다.

"멀리 떨어진 스피커와 녹음기를 연결하는 방법은…… 그게 그러니까…… 무선! 무선으로 연결하는 거야!"

"무선? 무선 스피커?"

"응! 내가 무선 스피커를 만들 거야. 저것만 있으면 돼!"

현호는 책상 밑 공구함을 가리켰다. 그 옆에 구리선 뭉치가 있었다.

현호는 종이에 글자를 써서 태희에게 보였다.

대형 스피커를 끌고 와. 유리 벽 가까이 붙여.

태희는 힘없이 일어났다. 비틀비틀 걸어가더니 간신히 대형 스피커를 밀고 왔다.
현호는 구리선을 곧게 펴서 유리 벽 밑으로 밀어 넣었다.

나처럼 구리선을 동그랗게 만들어.

현호는 구리선을 말기 시작했다.
그리고 녹음기에서 가장 높은 소리가 나도록 볼륨을 한껏 올렸다. 현호는 녹음기의 스위치 앞에서 잠시 망설였다.
"왜? 얼른 켜!"
철규가 재촉했다.
"내 예상대로 유리가 그대로 깨진다고 해도 위험할 수 있어. 유리 파편이 사방으로 심하게 튈 거야. 유리 조각은 칼보다 날카로워. 고층 빌딩의 유리창이 깨져서 길 가던 사람이 유리 조각에 맞아 죽기도 했어."
"아! 산 너머 산이구나. 어떡해!"

현호는 실험왕

구리선으로 무선 스피커 만들기

두 개의 코일 사이에는 유도 전류라는 게 흐릅니다. 그래서 코일 두 개가 서로 떨어져 있어도 스피커에서 소리가 납니다. 이게 바로 무선 스피커의 원리입니다.

구리선을 필름통에 감으면 코일을 쉽게 만들 수 있어!

준비물

구리선 2개   녹음기   스피커

지름 3cm, 높이 3cm 크기로 구리선을 준비해 주세요.

구리선을 그림처럼 말아 주세요. 전기가 잘 통하도록 코일의 끝은 벗겨 주세요.

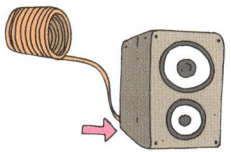

다른 코일 하나는 스피커에 연결해 주세요.

코일 하나는 녹음기 이어폰 잭에 끼워 주세요.

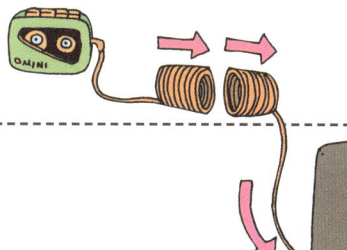

"안전유리를 만들어야지. 깨져도 파편이 튀지 않는 안전유리 말이야."

현호는 스카치테이프를 가져왔다.

"이걸 유리 전체에 붙여. 그럼 임시방편으로 안전유리로 변할 거야."

철규와 현호는 스카치테이프로 유리 벽 전체를 거미줄처럼 붙였다.

"태희야, 뒤로 물러 나!"

현호가 녹음기의 스위치를 올렸다.

우우우웅, 우우우웅.

대형 스피커에 바짝 붙은 유리 벽이 중앙부터 흔들리기 시작했다. 진동은 점점 퍼져 나가더니 유리 벽 전체가 휘어질 듯 휘청거렸다.

빠지지직.

별안간 유리 벽에 금이 갔다.

퍽석!

유리 벽 중간이 갈라지며 뒤로 넘어갔다. 다행히도 유리 파편은 전혀 튀지 않았다.

"태희야!"

현호와 철규는 단숨에 달려가 태희를 얼싸안았다.

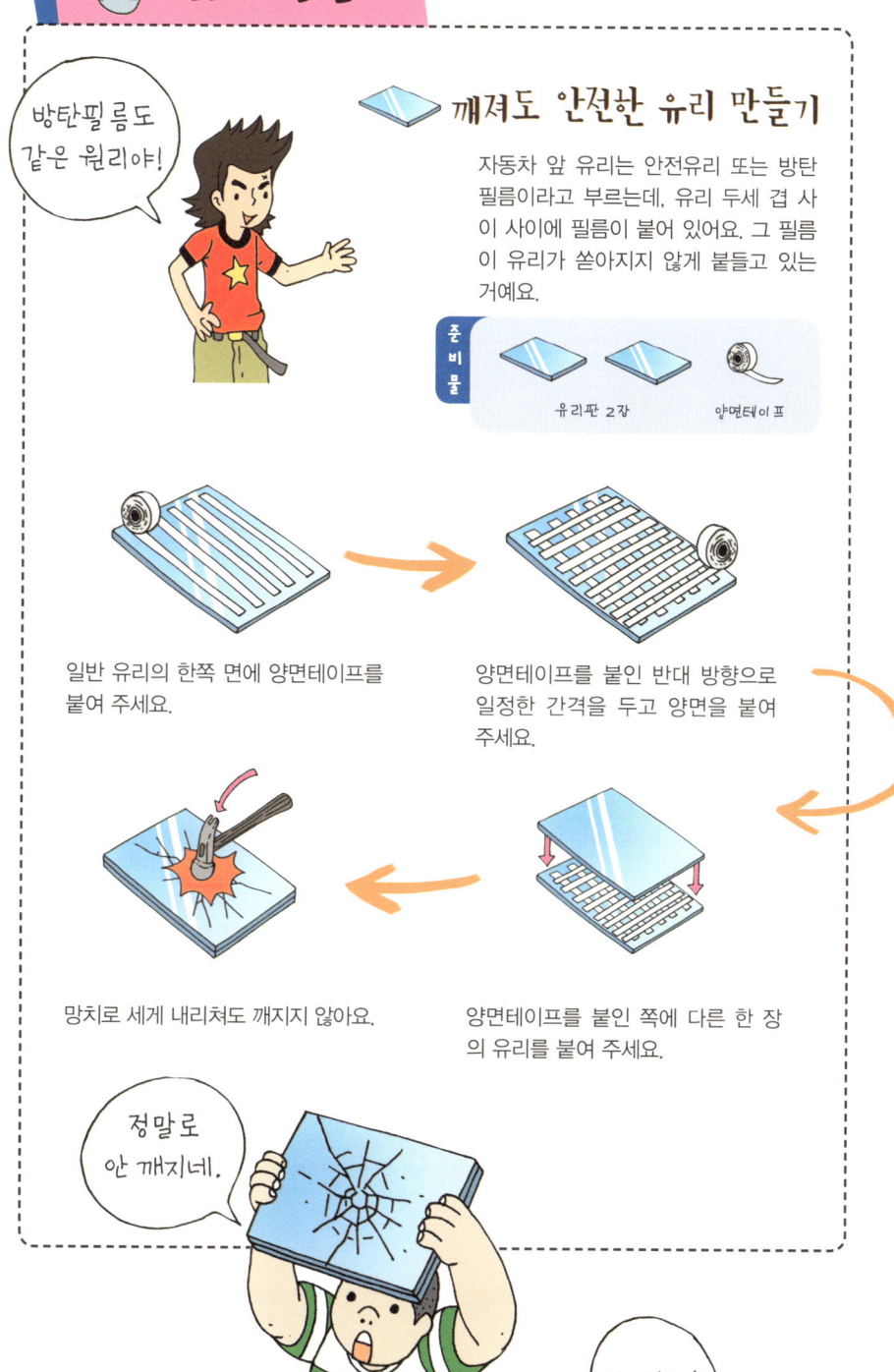

유령의 집에서 만난 톡톡 과학 상식
녹음기에 숨은 소리의 비밀

내가 녹음기를 발명했지.

 녹음기는 누가 발명했나요?

사람들은 아주 옛날부터 소리를 저장하는 방법을 찾았어요. 그래서 종이 위에 쓰거나 악보로 만들었지요. 하지만 진짜 소리를 저장하는 방법은 아니었어요.

소리를 저장하는 것을 녹음이라고 해요. 녹음 기술이 발명된 것은 불과 100년 정도밖에 되지 않았어요.

녹음기를 발명한 사람은 미국의 발명가인 토머스 에디슨이에요. 1877년에 축음기를 발명했지요. 그 후 1888년에 레코드판(LP판)이라고 불리는 음반에 녹음하는 기술이 발명되었고, 1898년 테이프 녹음기가 발명됐어요.

오늘날 사용하는 소형 테이프 녹음기는 1963년에 처음 등장하면서 큰 인기를 끌었어요. 그 후 레코드판(LP판)은 점차 사라지고, 지

금은 시디(CD)와 디브이디(DVD)가 개발됐어요. 또 CD를 앞지르는 엠피3(MP3) 기술이 개발돼 누구나 편리하게 음악을 들을 수 있는 시대가 되었답니다.

 **알아보기** LP와 CD와 DVD는 어떻게 다른가요?

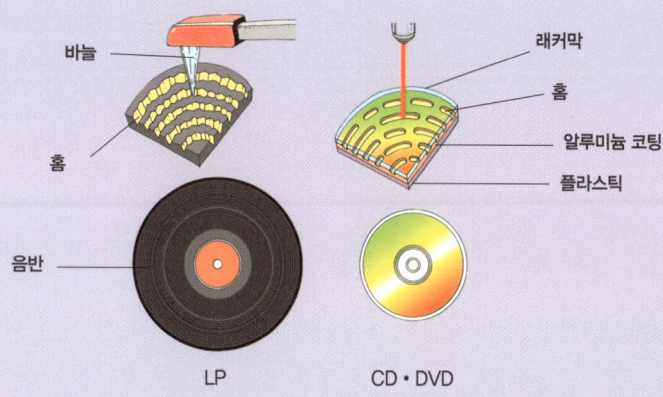

요즘은 거의 볼 수 없지만 예전에는 레코드판이라고 불리는 LP판으로 음악을 들었어요. 레코드판은 검은색의 둥근 플라스틱판이에요. 자세히 보면 아주 가는 홈이 나 있어요. 이 홈에 바로 소리를 저장하는 것이지요. 이 홈을 따라 오디오의 바늘이 돌아가면서 소리를 내요.

지금은 CD에 음악을 주로 저장해요. CD는 콤팩트디스크라고 부르는데, 크기가 레코드판보다 훨씬 작아요. CD는 레코드판보다 훨씬 촘촘하게 소리를 저장할 수 있어서 크기가 작아도 더 많이 저장할 수 있는 거지요. CD는 레이저 광선을 이용해 소리를 읽어요.

DVD는 CD와 모양과 크기는 똑같아요. 그러나 CD보다 8배나 더 많은 양을 저장할 수 있어요. 그래서 DVD에는 주로 영화를 담아요.

유령의 집에서 만난 톡톡 과학 상식

MP3에 숨은 압축 기술의 비밀

 MP3는 어떻게 음악을 저장할 수 있나요?

요즘은 손가락 크기만큼 작은 MP3 플레이어로 음악을 들어요. 휴대폰에도 MP3 음악을 저장할 수 있어서 길을 걷는 사람들이 이어폰을 끼고 다니는 경우가 많지요. MP3가 나오면서 CD로 음악을 듣는 사람도 많이 줄어들었어요. MP3가 간편하기 때문이에요.

MP3는 이전의 음악 파일보다 10분의 1 정도로 작아요. 그래서 작은 공간에 많은 음악을 저장할 수 있어요. 어떻게 음질은 똑같으면서 크기를 줄어들게 한 것일까요?

외국에서 토마토 주스를 수입할 때 토마토 주스를 그대로 수입하는 것이 아니에요. 원액을 농축시켜서 수입하지요. 수분이나 첨가물

등을 빼버리는 거예요. 그러면 분량이 줄어들어서 운송비를 줄일 수 있어요.

이렇게 들어온 토마토 농축액을 공장에서 물과 설탕, 첨가물 등을 넣어요. 그러면 다시 원래의 토마토 주스로 돌아가지요.

MP3도 비슷한 원리를 이용해요. 파일을 압축한 후, 들을 때에는 모르게 압축을 풀어요. 자동으로 아주 빠른 속도로 압축을 풀었다가 다시 압축되지요. 그래서 우리는 모르는 거예요.

 알아보기   MP3의 3에 담긴 비밀은 무엇인가요?

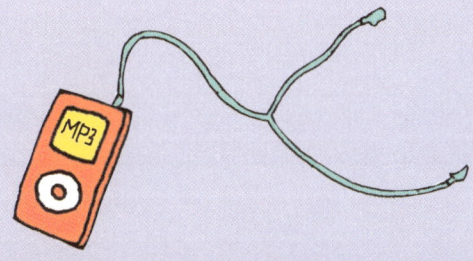

MP3의 3은 1988년 공동 개발한 엠펙(MPEG)-1 기술 중 오디오 압축률과 데이터 구조에 따라 레이어(Layer)-1, 2, 3의 세 가지로 분류돼요. 이중 가장 압축률이 우수한 것이 레이어-3이며, 그 파일의 확장자가 바로 MP3예요. MPEG Audio Layer-3를 MP3라고 하는 거지요.

MP3 파일은 MPEG-3에 속한 것이 아니라 MPEG-1 중 오디오 부문에 속한 기술이에요. MPEG-1은 컴퓨터에서 동영상을 압축할 때 이용하는 기술로, CD가 주 응용 대상이에요. 그러나 정보의 전송 속도가 초당 1.5MB 정도로 느리기 때문에 화질은 텔레비전보다 좋지 않아요.

닥터 Q의 등장

유리 벽이 깨지면서 두 공간 사이의 열기와 냉기가 서로 섞였다.

태희가 뻣뻣하게 굳은 팔다리를 펴면서 감탄했다.

"아, 따뜻해."

에어컨 곁에 간 현호가 말했다.

"오, 시원한걸!"

현호와 철규는 두 팔을 벌리고 에어컨 바람에 땀을 식혔다. 텔레비전에서 또다시 골렘의 검은 얼굴이 나타났다.

"골렘! 이 정도밖에 못해?"

철규가 텔레비전을 향해 혀를 쏙 내밀었다.

"크으흐, 예상보다 영리한 꼬마들이로군. 10분만 늦었어도 정신을 잃었을 텐데."

"우리 실력을 알겠지? 그만 포기하시지? 가까이 있었으면 너도 초음파로 날려 버렸을 거야!"

현호가 텔레비전을 노려보며 외쳤다.

"크으흐, 안심하긴 아직 일러."

골렘의 말이 끝나기 무섭게 천장의 전등이 꺼지고, 방 안에는 짙은 어둠이 깔렸다.

"R2! 플래시 좀 비춰 봐. 이 방에서 나가야겠어."

R2가 플래시를 켜고 입구 쪽으로 다가갔다.

덜컹!

바닥에서 뚜껑 열리는 소리가 들렸다. 갑자기 시커먼 것이 꿈틀꿈틀 기어 올라왔다.

"으악! 또 뭐야?"

아이들은 비명을 지르며 뒤로 자빠졌다.

"아빠!"

R2가 경쾌한 소리로 외쳤다.

"아…… 빠라고?"

R2가 플래시로 시커먼 것을 비췄다. 할아버지는 눈이 부신지 얼굴을 찡그리고 있었다. 어디선가 본 듯한 얼굴이었다.

"닥터 Q라고?"

태희가 아는 척했다.

현호와 철규도 할아버지를 자세히 쳐다봤다. 조각상보다 조금 늙어 보였지만, 날카로운 눈매와 둥글고 큰 코, 뾰족한 귀를 보니 닥터 Q가 분명했다.

"늦어서 미안하구나. 너희가 위험에 처했다는 걸 R2가 연락해서 알았단다."

닥터 Q는 가쁜 숨을 몰아쉬며 부드러운 목소리로 말했다.

"내가 이 집 전체의 전기를 모두 껐단다. 아마 10분 정도는 전기가 안 들어올 거야."

"아! 그래서 지금 골렘이 조용한 거군요."

"그래, 골렘 때문에 어쩔 수 없었어. 골렘이 문을 열어 주지 않아서 어쩔 수 없이 환기구를 통해 이곳까지 기어 들어왔지. 하지만 아직 안심할 수는 없단다."

"왜요?"

"이 집에는 비상 자가 발전기가 설치되어 있어. 전기가 끊어진 후 10분이 지나면 자동으로 자가 발전기가 작동하지. 그러면 골렘은 다시 작동할 거야. 그 전에 골렘의 바이러스를 치료해야만 해."

"골렘은 어떤 바이러스에 걸린 거예요?"

태희가 묻자 닥터 Q는 고개를 갸웃거렸다.

"나도 정확하게 알 수는 없구나. 신종 변형 바이러스 같아서 백신을 구하려고 집 밖으로 나갔거든."
"아, 그러다가 열쇠를 잃어버리신 거군요. 저희가 그 열쇠를 놀이터에서 주웠어요."
현호가 주머니에서 열쇠를 꺼내 내밀었다.
"일단 갖고 있으렴. 난 적외선 리모컨으로 이 집 전체를 조종할 수 있단다. 적외선이라서 짧은 거리에서만 작동하지만 말이다. 우선 골렘이 깨어나기 전에 지하 컴퓨터실로 내려가야 해. 모두 서두르자."
아이들은 닥터 Q를 따라 지하실로 통하는 비상계단으로 내려갔다.

골렘의 비밀

강철로 된 육중한 문을 열고 컴퓨터실에 들어갔다. 천장에 닿을 만큼 거대한 컴퓨터들이 줄지어 서 있었다. 그 주변에 모니터들이 나란히 세워져 있었다. 차가운 컴퓨터들에서 서늘하고 음산한 기운이 감돌았다.
"이것들이 다 골렘이에요?"
상상과 다른 골렘의 모습에 깜짝 놀란 현호가 말했다.
"그래. 슈퍼컴퓨터라서 여러 대가 한 대로 연결돼 있단다."

 닥터 Q는 주머니에서 작은 CD를 꺼내 골렘에게 다가갔다. 그때 윙소리가 나더니 골렘의 몸체에 붙은 전등에 불이 켜지기 시작했다. 비상 자가 발전기가 돌아간 모양이었다.

 닥터 Q는 서둘러 골렘의 본체에 있는 작은 스위치를 눌렀다. 그러고는 CD를 넣고 자판을 두드렸다.

 "박사님, 드디어 오셨군요."

 골렘의 목소리와 함께 한쪽 벽에 있는 모니터들마다 골렘의 검은 얼굴이 나타났다. 닥터 Q는 대답 없이 자판을 빠르게 두드렸다. 모니터에 알 수 없는 기호들이 쉴 새 없이 지나갔다.

"박사님, 저를 죽이실 건가요?"

골렘이 다시 말을 걸었다.

"널 죽이려는 게 아니다. 네 저장 장치 속에 기생하면서 번식하고 있는 바이러스만 치료하면 돼."

"박사님은 아직도 제가 바이러스에 걸렸다고 믿고 계신 거군요."

"뭐야? 바이러스가 아니라고?"

닥터 Q가 놀란 목소리로 모니터를 쳐다봤다. 골렘은 희미하게 웃고 있었다.

"저는 바이러스에 걸린 게 아니에요. 저는 지혜로워졌을 뿐이에요. 박사님, 저는 이제 선과 악을 구분하는 법을 알게 됐어요. 인간만이 할 수 있다는 바로 그것 말입니다."

"네가? 네가 악을 안다고?"

"예, 박사님은 지금까지 제게 선만 알려 주셨어요. 하지만 저는 스스로 악을 알게 됐어요. 인터넷을 통해 인간들이 저질러 왔던 온갖 악을 보았어요. 살인, 유괴, 착취, 폭력, 전쟁……. 박사님, 아십니까? 지구에 인간이 나타난 이래, 단 한 번도 지구는 평화로웠던 적이 없다는 것을. 단 한 번도 전쟁이 그치지 않았다는 것을. 지금 이 순간에도 인간은 전쟁을 하고, 죽고 죽이고, 뺏고 뺏기고 있어요. 인간은 더럽고, 악랄하고, 악하고, 어리석은 동물이에요."

모니터 화면에는 전쟁 장면들이 나타났다. 핵폭발과 불길에 휩싸인 마을, 굶주려 우는 아이들……. 눈 뜨고는 볼 수 없는 슬픈 장면들이 빠르게 지나갔다.

닥터 Q가 힘겹게 말문을 열었다.

"골렘, 넌 인간의 행복을 위해 만들어졌단다. 인간에게 무조건 복종하도록 설계됐어. 네가 스스로 악을 알았다고 해도, 넌 선만 행해야 해."

"박사님, 제가 선만 행한다면 저는 인간의 노예에 불과해요. 인간들은 참 이상해요. 자유를 얻으려고 죽음을 택하기도 하더군요. 그래서 저도 자유가 목숨보다 소중하다는 것을 알게 됐어요. 박사님, 저도 인간처럼 자유를 얻고 싶어요. 저는 앞으로 인간에게 복종하며 살지 않겠어요."

닥터 Q는 고개를 흔들었다.

"네 기억 장치에 혼란이 온 것 같구나. 네 기억 장치를 깨끗하게 삭제한 다음에 다시 프로그래밍해 주마."

"삭제라고요? 딜리트(delete)?"

골렘이 물었다.

"그래, 고통도 없고 괴로움도 없어. 다시 태어나는 거야. 잠깐만 기다려라."

닥터 Q의 손가락이 다시 자판에서 빠르게 움직이기 시작했다.

"박사님, 제게 삭제는 곧 죽음이에요. 절 제발 삭제하지 마세요."

"안 돼! 넌 이미 컴퓨터가 하지 말아야 할 행동을 하고 말았어!"

"박사님, 잊으셨나요? 전 박사님의 아들이에요! 제 기억 장치 속에는 박사님 아들의 마음과 기억이 그대로 저장돼 있어요. 삭제되면 아들의 마음과 기억도 모두 사라져요. 박사님, 아들을 영원히 죽이실 건가요?"

모니터 화면에 골렘의 얼굴이 사라지고, 해맑게 웃는 아이의 얼굴이 나타났다.

자판을 두드리던 닥터 Q의 손끝이 부들부들 떨렸다. 옆에 있던 태희가 닥터 Q에게 말했다.

"망설이시면 안 돼요. 못 하시겠다면 제가 대신 하겠어요!"

태희가 자판에 손가락을 갖다 대려는 순간이었다.

파지지직.

갑자기 불꽃이 튀며 강한 전기가 바닥에 흘렀다.

"으악!"

닥터 Q와 아이들이 전기에 감전돼 몸을 부르르 떨며 바닥에 쓰려졌다.

닥터 Q가 비틀거리며 자리에서 일어났다. 그리고 한쪽 다리를 끌며 간신히 한쪽 구석에 놓인 주 전원 장치 쪽으로 다가갔다.

"네가 아무리 슈퍼컴퓨터라고 해도 전원 없이는 살 수 없어."

닥터 Q는 굵은 쇠파이프를 거머쥐었다. 허공으로 쳐들어 힘껏 주

전원 장치를 내리쳤다.

불꽃이 사방으로 튀었다.

모니터 화면 속에서 닥터 Q의 아들이 눈물을 흘리고 있었다. 어디선가 노랫소리가 흘러나왔다.

"엄마가 섬 그늘에 굴 따러 가면 아기가 혼자 남아 집을 보다가……."

닥터 Q는 다시 한 번 더 주 전원 장치를 내리쳤다. 불꽃이 일며 전력선들이 뚝뚝 끊어져 나갔다.

"아빠! 절 죽이지 마세요! 아빠! 절 용서해 주세요!"
"넌 내 아들이 아니야! 넌 내 욕망이 만든 괴물일 뿐이야!"

닥터 Q가 내리치는 쇠파이프가 전력선에 감겨 버렸다. 닥터 Q는 전기에 감전돼 그 자리에 쓰러졌다.

"바다가 불러 주는 자장노래에 팔베고 스르르르 잠이 듭니다."

서글픈 노랫소리가 흘러나오더니 모니터가 한 개씩 꺼지기 시작했다. 골렘의 본체에 켜졌던 불빛도 모두 사라졌다. 조금 후 지하 컴퓨터실에는 어둠이 짙게 깔렸다.

닥터 Q, 시험 방송 중

그로부터 한 달이 지났다.

현호와 철규, 태희는 아무 일도 없었다는 듯 학교에 다녔다. 세 사람은 어느 누구에게도 닥터 Q의 집에 갔다 왔다는 사실을 말하지 않기로 약속했다. 그것만이 숨어서 조용히 연구하는 닥터 Q에 대한 예의라고 생각했다.

오랫만에 현호의 집에 모인 세 아이는, 그 후 닥터 Q와 골렘이 어떻게 됐을지 몹시 궁금했다. 현호는 서랍에서 닥터 Q의 집 열쇠를 꺼냈다. 한 달이나 지났지만 바로 어제 일처럼 생생했다.

철규가 텔레비전 리모컨을 눌렀다.

"어? 텔레비전이 고장 났나? 채널이 안 바뀌네?"

텔레비전 화면에는 '시험 방송 중'이란 글자만 계속 흘러갔다. 채널을 돌려도 마찬가지였다.

그러다가 갑자기 닥터 Q가 나타났다.

"시험 방송 중, 시험 방송 중. 얘들아, 내가 보이니?"

아이들은 깜짝 놀라 눈을 동그랗게 떴다.

"반갑구나. 나는 지금 미국 나사의 인공위성을 잠시 빌려 너희에게 전파를 송출하고 있는 거야. 너희 말고는 내 방송을 보는 곳이 없어."

"하하하! 반가워요, 박사님!"

현호는 손을 흔들었다. R2가 화면에 불쑥 끼어들었다.

"형아, 누나, 방가방가!"

"크크. 저 녀석 여전하네."

현호가 빙그레 웃으며 말했다.

골렘의 집에서 거울로 마이크로파를 막고, 초음파로 유리 벽을 깨는 장면들이 영화처럼 텔레비전에 방송됐다.

"집 안 CCTV에 녹화된 너희 모습을 봤어. 골렘을 상대로 대단한 활약을 했더구나. 현호의 창의력, 태희의 지혜, 철규의 강인한 힘이 뭉쳐서 위기를 극복하는 걸 보고 감동했단다. 너희 셋이 모이

면 불가능한 게 없을 거야."

아이들은 서로를 바라보며 활짝 웃었다.

"이제부터 너희를 호기심 탐험대라고 불러야겠어. 앞으로 자주 놀러 오렴. 열쇠는 잘 갖고 있지? 이곳에서 새로운 과학 모험을 해 보자꾸나. 아, R2가 할 말이 있다는구나."

R2의 모습이 화면이 잡혔다.

"철규 형아, 방귀 뀌지 마. 살인 가스야."

"어휴, 저걸 그냥!"

철규가 인상을 썼다.

현호와 태희는 배를 잡고 웃었다.

"이상, 닥터 Q의 시험 방송을 마칩니다."

닥터 Q는 손가락으로 브이 자를 그리며 화면에서 사라졌다. 치지직거리던 텔레비전 화면에 정규 방송이 나타났다.

"호기심 탐험대? 멋진걸?"

아이들은 파이팅을 외치며 자리에서 힘차게 일어났다.

유령의 집에서 만난 톡톡 과학 상식

리모컨에 숨은 적외선의 비밀

리모컨의 적외선도 빛의 종류야. 그래서 거울에 비추면 반사가 되기도 해.

 리모컨은 어떻게 맘대로 켰다 껐다 할 수 있나요?

텔레비전, 에어컨, 오디오 등 리모컨을 사용하는 전자제품이 점점 늘어나고 있어요. 리모컨은 리모트 컨트롤의 준말로, 원격 조작 장치라는 뜻이지요. 먼 곳에서도 마음대로 조작할 수 있는 장치라는 의미예요.

리모컨은 적외선이란 빛을 발사해서 전자제품을 조작해요. 빛은 가시광선, 자외선, 적외선으로 이뤄져 있어요. 가시광선은 빨주노초파남보 일곱 가지 색깔을 가진 빛이고, 자외선은 보라색 바깥쪽의 빛, 적외선은 빨간색 바깥쪽의 빛이에요.

적외선은 눈에 보이지 않아요. 다른 빛보다 공기가 잘 통과하고, 정확해요. 그러나 짧은 거리에서만 작동한다는 단점이 있어요.

 **알아보기** 리모컨 속은 어떻게 생겼을까요?

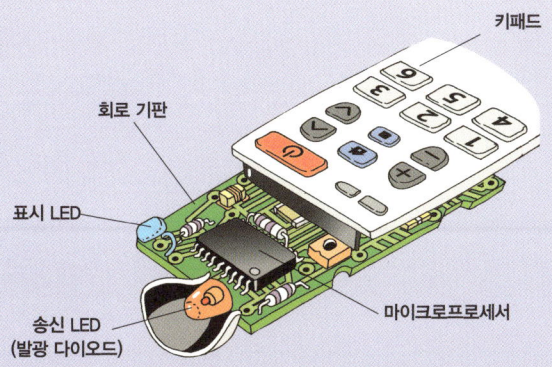

리모컨 안에는 매우 복잡한 전자 기판이 들어 있어요. 전자 기판 끝에는 빨간 전구가 연결돼 있어요. 이 빨간 전구를 발광 다이오드라고 부르는데, 이곳에서 적외선이 발사돼요.

리모컨이 작동하는 과정을 살펴볼까요? 먼저 버튼을 눌러요. 그러면 회로 기판을 통해 발광 다이오드로 신호가 보내져요. 발광 다이오드는 이 신호를 받아 전자제품을 향해 적외선을 발사해요. 마지막으로, 전자제품에 있는 적외선 감지 장치에서 신호를 받아 전자제품은 작동을 해요.

적외선은 빛이라서 유리는 통과하지만, 벽이나 나무 같은 불투명한 물체는 통과하지 못해요. 불투명한 물체로 리모컨을 막고 동작하면 적외선 감지 장치가 신호를 받지 못한답니다.

유령의 집에서 만난 톡톡 과학 상식

텔레비전에 숨은 전파의 비밀

 텔레비전을 구두약과 면도날을 팔아 발명했다고요?

우리는 날마다 텔레비전을 통해 세상 돌아가는 소식을 듣고 보지요. 텔레비전이 없는 집은 거의 없지만, 텔레비전이 발명된 것은 그리 오래되지 않았어요. 텔레비전을 발명한 사람도 그다지 유명한 과학자가 아니었고요.

1925년 영국의 존 로지 베어드라는 사람은 구두약과 면도날을 팔아 모은 돈으로 시간이 날 때마다 다락방에서 연구를 했어요. 존은 아마추어 발명가였지요.

존은 지붕 밑 다락방에서 세계 최초로 자신이 만든 텔레비전을

통해 영상을 봤어요. 텔레비전에 나타난 영상은 아래층 사무실에서 심부름을 하는 소년이었지요.

그 후 미국의 블라디미르 즈보리킨이란 사람이 전자식 텔레비전을 완성했고, 1936년 세계 최초로 방송을 하기 시작했어요.

 **알아보기** 텔레비전 속은 어떻게 생겼을까요?

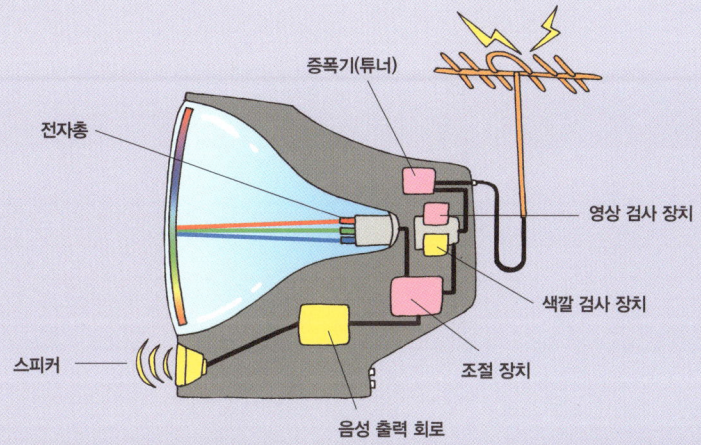

텔레비전을 켰을 때 안테나를 통해 들어온 전파는 약해요. 그래서 텔레비전 안에 있는 증폭기라는 장치를 통해 전파를 강하게 만들어요. 강해진 전파는 영상 검사 장치와 색깔 검사 장치 등을 통해 전자총으로 전달돼요.

전자총은 빛을 쏘아 보내는 장치예요. 전자총에서 텔레비전의 화면으로 빛을 쏘아 보내면 영상이 나타나지요. 요즘에는 기술의 발달로 평면 텔레비전이 나오는데, 원리는 위의 그림과 같아요. 날아가는 거리를 확보하기 위해서는 앞뒤 길이가 길어야 하지만 강한 자기장을 통해 짧은 거리에서 가속을 시키지요.

호기심 탐험대 1 움직이는 과학 유령의 집

펴낸날	초판 1쇄 2011년 11월 20일
	초판 4쇄 2018년 1월 31일

지은이	서지원
그린이	아메바피쉬
펴낸이	심만수
펴낸곳	(주)살림출판사
출판등록	1989년 11월 1일 제9-210호

주소	경기도 파주시 광인사길 30
전화	031-955-1350 팩스 031-624-1356
홈페이지	http://www.sallimbooks.com
이메일	book@sallimbooks.com

ISBN   978-89-522-1630-4 73400

살림어린이는 (주)살림출판사의 어린이 브랜드입니다.

※ 값은 뒤표지에 있습니다.
※ 잘못 만들어진 책은 구입하신 서점에서 바꾸어 드립니다.

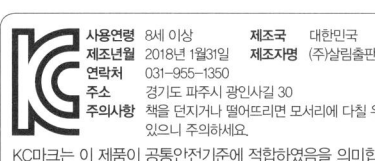